인디펜던트 워커의 시대

코로나 이후 일의 변화

인디펜던트 워커의 시대

안동수(풍요) 지음

시원
북스

우리가 직면한 중요한 문제들은 우리가 문제를 만들었을 때와
동일한 수준의 사고방식으로는 풀리지 않는다.

−알버트 아인슈타인

•

독립적으로 일하는
인디펜던트 워커가 되자

나는 당신과 똑같은 직장인이다. 당신과 내가 다른 점이 있다면 나는 직장에만 의존하지 않는다는 것이다. 나는 월급 외 제2의 수익이 있다. 즉, 월급에만 의존하는 삶에서 벗어났다. 좀 더 구체적으로 말하자면, 주 수익원 월급에 부 수익원 지식 비즈니스 수익을 추가로 얻고 있다. 이처럼 수익원이 2개 이상이면 경제적 이익뿐 아니라 다양한 선택지에서 오는 심리적 여유를 얻게 된다.

지금부터 나와 이 책을 읽는 당신의 목표는 월급에 의존하는 삶의 태도를 버리는 것이다. 당장 회사를 나오라는 얘기가 아니다. 월급에 의존하는 생활 태도에서 벗어나 좀 더 독립적인 삶을 가꾸자는 것이다. 이 책의 목표는 독자들로 하여금 궁극적으로 경제적 자립 능력을 키우는 것이다.

시대가 바뀌면서 나처럼 생각하는 사람들이 늘어났다. 아날로그에서 디지털 중심 사회로 급변하면서 월급에 의존하지 않고 독립적인 경제 활동을 할 수 있는 시대가 열렸다. 더는 회사라는 고정된 삶의 방식에 얽매여 개성과 능력을 억누를 필요가 없다. 시간, 장소, 직장 상사로부터 어떠한 구애도 받지 않고 독립적인 경제 활동을 할 수 있는 라이프 스타일이 있다. 이렇게 사는 사람들이 바로 '인디펜던트 워커(Independent Worker)'다.

인디펜던트 워커는 다양한 방식으로 살아간다. 그들은 이미 우리 주변에 있으며 각자의 재능과 취향에 맞는 자유로운 경제 활동을 하고 있다. 그들이 사회에 제공하는 서비스는 다양하다. 돈 버는 법, 외모 꾸미는 법, 자기계발 하는 법, 운동하는 법, 마케팅 노하우, 영상 촬영·편집하는 법, 디자인 콘셉트 잡는 법, 음악이나 악기 다루는 법, 독특한 라이프 스타일 노하우 등. 인디펜던트 워커는 제각각 자신이 가진 그 무언가를 '상품화'함으로써 수익 활동을 하고 있다.

디지털이 가져온 시대적 변화는 지식 비즈니스 활동을 왕성하게 한다. 정보화 사회에서 '지식'이란 무엇인가? 곧 상품이다. 이 책을 통해 당신도 나처럼 인디펜던트 워커가 되어 자신만의 퍼스널 브랜드를 구축하고 월급 외 제2의 수익을 얻게 될 것이다.

이 책은 크게 5개의 파트(Part)로 이뤄져 있다.

Part 1은 직장에 올인할 것인지, 인디펜던트 워커가 될 것인지 기로에 서 있는 당신의 생각을 정리해 줄 것이다. 전무후무한 코로나 19 팬데믹이 계속되는 상황에서 '언택트(Untact)', 즉 비대면 방식의 독립적인 경제 활동이 급부상하고 있다. 각 기업은 원격 의료, 디지털 화폐, 로봇, 인공지능과 같은 디지털 기반 기술이 과거보다 더 빠르게 도입되고 있음을 주시하고 있다. 모두가 살 길을 찾아 헤매고 있는 지금이 어쩌면 우리에게 주어진 변화의 기회일지 모른다.

Part 2는 인디펜던트 워커가 되기 위한 최고의 방법으로 지식 비즈니스를 제시한다. 지식 기반의 수익 활동은 취미 생활처럼 자신이 좋아하는 일을 하면서 수익을 창출할 수 있는 일이다. 비즈니스에서 초기 투자비는 필수인데, 지식 비즈니스에서는 초기 투자비가 필요 없다. 컴퓨터 한 대만 있으면 누구나 실적, 경험 없이 시작할 수 있는 제로 베이스의 경제 활동이다. 게다가 지식 비즈니스는 직장 생활과 병행할 수 있다. 일반적으로 직장을 다니면서 투잡을 뛰면 체력 소모가 많지만, 지식 비즈니스는 그렇지 않다. 그러므로 인생 후반전을 위한 노후 대비로 지식 비즈니스 활동을 강력 추천한다.

Part 3은 경제 독립으로 가는 4개의 프로세스를 소개한다. 각각의 단계는 모두 중요한 의미를 갖는데, 그중 첫 번째 단계인 '아이템 선정'이 제일 중요하다. 무엇이든 첫발 떼는 것이 가장 어렵다. 첫 단추를 잘 끼워야 다음 단추가 제대로 끼워지듯 아이템 선정을 잘해야 다음 단계로 갈 수 있다. 두 번째 단계에서는 블로그 및 유튜브 또는 인스타그램 수익화를 목표로 한다. 세 번째 단계인 PDF 전자책 만들기까지 마치면 자신의 퍼스널 브랜드가 완성되었다고 볼 수 있다. 퍼스널 브랜드가 어느 정도 구축되면 지식 비즈니스의 마지막 단계인 책 쓰기와 강연으로 나아간다. 1~2단계는 오랜 시간이 걸리는 반면 3~4단계는 이전 단계와 비교하여 상대적으로 속도가 빠르게 진행되며 동시에 병행해도 무방하다. 이 책의 목표는 당신이 지식 비즈니스 4단계를 차근차근 밟아 경제 독립을 달성하도록 하는 것이다.

Part 4는 인디펜던트 워커로 살아가기 위한 마인드에 관해 얘기한다. 초심자의 단계에서 성공의 단계까지 이르려면 어떻게 해야 할까? 나이가 많아도 지식 비즈니스를 할 수 있을까? 지식 비즈니스의 가격은 어떻게 매겨야 할까? 지식 비즈니스를 키우고 수익을 좀 더 늘리려면 어떻게 해야 할까? 이러한 모든 궁금증에 대한 해답이다.

Part 5는 인디펜던트 워커가 알아야 할 마케팅 전략을 다룬다. 기본적으로 다뤄야 할 5개 플랫폼 운영 전략과 서비스 자동화를 이루기 위한 3개의 축, 그리고 원 페이지 플랫폼을 활용한 서비스 자동화 및 고도의 판매 전략을 소개한다. 특히 여기에서는 PDF 전자책을 자동 발송해 주는 기능에 대해 소개하고 있으므로 Part 3의 PDF 전자책 만들기와 연계해서 보길 바란다.

코로나19로 인해 시대의 변화 속도가 점점 더 빨라지고 있다. 불안한 시대에 새로운 돌파구를 찾기 위해 이 책을 펼친 사람도 분명 있을 것이다. 그러나 조바심 내지는 말자. 아무리 시대가 빠르게 변해도 변치 않는 한 가지 중요한 콘텐츠가 있다. 그것은 당신이 가진 경험, 개성, 재능, 취향이다. 독립적인 경제 생산 능력을 갖춘 인디펜던트 워커가 되고 싶은가? 그렇다면 지금부터 당신 내면에 있는 유일한 그 무언가를 슬슬 꺼낼 때가 되었다.

그럼 시작해 보자.

2020년 9월

안동수

목차

* * *

PART 1 | 코로나 시대, 아무도 당신을 책임지지 않는다

PART 4 │ **부와 성공을 위한 마인드셋**

PART 5 | 인디펜던트 워커의 디지털 마케팅 전략

코로나 시대, 아무도
당신을 책임지지 않는다

코로나 이후 어떻게 살아야 할까?

2020년, 우리는 전 세계를 휩쓸고 있는 코로나19 팬데믹의 중심에 있다. 불과 얼마 전까지도 전 세계는 마스크 대란을 치러야 했다. 요즘은 마스크 없이 대중교통도 이용하지 못한다. 자영업을 하는 사람들은 수개월째 월세를 내지 못하는 상황을 겪고 있다. 직장인들은 회사의 경영 위축이나 사업 규모 축소에 맞닥뜨리게 되었다. 직장인들은 유연한 근무라는 명목하에 새로운 근무 환경에 억지로 적응해야 한다.

'위기는 기회'라고 했던가? 코로나로 인해 언택트 방식, 그러니까 디지털 기반의 온라인 정보 전달 기술은 더 급속도로 빠르게 다가왔다. 4차 산업을 대표하는 인공지능, 자율주행, 클라우드, 5G, IoT와 같은 기술이 예상보다 3~4년 이상 빠르게 도입됐다. 사실 이런 IT 기술들은 유독 우리나라에서 각종 이해관계에 막혀 도입하기 어려웠는데 코로나로 인해 규제의 장벽이 허물어진 것이다.

다가올 디지털 정보화 시대 핵심 소재는 무엇일까? 반도체? 아니, 진짜 본질은 '정보와 지식'이다. 디지털 기술이 발달할수록 정보 콘텐츠의 필요성과 가치는 더욱 커지고 있다. 가치가 높은 콘텐츠는 돈으로 환산된다. 디지털 시대에 이르러 지식은 상품 가치를 갖게 되었다. 2000년 후반부터 지식 비즈니스의 거래가 더욱 활발해지고 있다는 점에 주목하자.

지식 비즈니스는 거창한 것이 아니다. 지금으로부터 4년 전인 2016년에 나는 블로그를 통한 수익 창출 노하우를 정리하여 한 권의 책을 출간했고, 그때부터 PDF 전자책 판매와 강연 활동 등의 지식 비즈니스를 시작했다. 그해 11월에 출간된 나의 첫 책『구글 애드센스로 돈 벌기』는 경제경영 실용서다. 이 책에는 블로그를 활용해 금전적 이익을 얻게 된 나만의 경험과 노하우가 담겨 있다. 직장인인 나에게 블로그 수익은 매력적이었다. 무엇보다 야간 아르바이트와 같은 일반적인 투잡에 비해 체력 소모가 크지 않았다. 그 당시 나는 블로그와 관련된 각종 강의와 세미나를 들으러 다니면서 수익화를 위한 지식을 수집했다. 그리고 마침내 블로그 개설 6개월 만에 의미 있는 수익 창출에 성공했고, 그로부터 1년이 지난 시점에 도서 출간을 결심했다. 우여곡절은 있었지만 결국 좋은 출판사를 만나 출간하게 되었고, 책을 낸 후 다양한 곳으로부터 강연 의뢰를 받았다. 이때부터 나는 자연스럽게 지식 비즈니스의 길에 들어서게 됐다.

다시 말하지만, 나는 월급에만 의지하지 않는다. 내가 첫 책을 펴낸 후 받은 첫 달 인세는 240만 원이었다. 월급에만 의존했던 나에게 인세 수입은 눈이 튀어나올 만큼 놀라운 경험이었다. 내가 책을 내기 위해 들인 비용은 얼마였을까? 단 한 푼도 들지 않았다. 오로지 원고를 완성하는 데 들어간 시간과 노력 외에 다른 비용 투입은 없었다. 내 머릿속 '지식'만으로 제2의 월급 통장을 갖게 된 것이다.

월급 외에 내가 얻는 수익원들이 모두 '지식' 기반이라는 것은 의미가 있다. 지식 기반의 경제 활동은 체력 소모나 비용 투입 없이도 수익을 만들 수 있다. 지식 비즈니스는 오로지 머릿속 지식만으로 수익을 창출하기 때문이다. 나는 매장을 낼 필요가 없었고 물질 상품의 유통도 필요 없었다. 이 책을 통해 얘기하고 싶은 것은 당신도 나처럼 지식만으로 월급 못지않은 부수익을 창출할 수 있다는 사실이다.

내 얘기에 얼떨떨하기만 한 당신은 '회사에 다니면서 어떻게 투잡이 가능하다는 거야?'라고 속으로 반문하고 있을지 모른다. 물론 회사에서는 업무 외 겸업 금지 규정을 두고 있다. 그러나 이러한 사내 규정은 엄밀히 말하면 업무 시간에 방해되는 행동을 금하는 것일 뿐 퇴근 이후에 하는 경제 활동과는 무관하다. 특히 회사는 직원들의 지식 판매 활동, 즉 강연이나 교육에 대해서는 관여하지 않는 경향이 크다. 그렇기에 나는 당신이 직장을 다닐 때 지식 기반의 수익 활동을 병행해 나가길 바란다.

지식 비즈니스는 현재 당신이 받는 월급을 잃을 걱정 없이 병행할 수 있는 일이다. 지식 비즈니스의 장점은 물건을 떼 올 필요가 없고, 은퇴 개념이 없으며, 평생 즐기며 일할 수 있다는 점에 있다. 퇴직 이후의 삶을 대비하고 싶다면, 이 책을 통해 지식 기반의 경제 활동을 시작하기 바란다.

지식 비즈니스는 누구나 할 수 있다. 만약 당신이 '와인'이라는 분야에 관심이 있다면, 와인 관련 서적들을 읽고 강연을 듣고 전문가들을 만나라. 그렇게 와인 관련 노하우를 모으고 정리하는 것만으로 판매 가능한 지식 상품을 만들 수 있다. 관련 지식을 수집한 당신은 '세일즈 능력이 향상되는 와인 매너'를 주제로 지식 비즈니스를 시작할 수 있는 것이다.

지금은 겨울을 준비할 때

경제는 마이너스를 향해 가고 있다. 정권이 바뀔 때마다 세금은 늘고, 일자리는 줄어든다. 제조업의 몰락과 함께 우리나라 경제는 하락기로 가고 있다. 특히 다음의 4가지 문제는 시간이 갈수록 극심한 경제 침체를 야기할 것이다.

1. 인구 감소

2019년 10월 14일, BBC는 「한국 인구의 역설」이라는 기사에서 2100년 우리나라 인구가 2,900만 명이 될 것이라고 발표했다. 실제 지난해 통계청이 발표한 한국의 출산율은 0.92명으로 OECD 회원국 중 최저치를 기록했다. 서울의 출산율만 따지면 0.69명이다. 일본 출산율이 평균 1.43명임을 비추어 보면, 우리나라 인구 감소가 얼마나 심각한 상황인지 가늠할 수 있다.

인구 감소가 가져오는 가장 큰 문제는 경제 침체다. 인구가 감소하면 상품을 구매할 인구수가 줄어든다. 구매 수요가 적으면 경제가 순환되지 않으므로 침체를 야기한다.

2. 고령화

고령화는 심각한 수준에 이르렀다. UN 2020 세계 인구 현황 보고에 따르면, 우리나라 65세 이상 노년층 비율은 15.8%로 세계 평균인 9.3%를 상회하고 있으며 이 수치는 급격히 상승하고 있다.

노년 인구가 늘어나면 경제는 침체할 수밖에 없다. 소극적인 소비를 지향하는 노년층이 많아질수록 상품의 구매 수요는 떨어진다.

고령화가 진행되면 덩달아 30~40대 청장년층도 지갑을 닫게 된다. 노부모 부양에 대한 경제적 부담뿐 아니라 자녀 교육, 주택 자금

압박이 가중되어 소비 여력이 떨어진다.

3. 1인 가구 급증

우리나라 1인 가구는 600만 명에 이르고 매년 150%씩 증가하고 있다. 경제 부담을 비롯한 여러 이유로 결혼하지 않는 사람들의 수치는 계속 늘어나고 있다. 통계에 따르면, 10년 후 생산 가능 인구의 절반 이상이 1인 가구가 된다.

1인 가구가 늘면 신규 수요가 발생하지 않기 때문에 경제가 둔화한다. 결혼, 출산, 이사, 자녀 교육에서 파생되는 모든 수요가 사라지는 것이다.

4. 노동 가치의 하락

한국경제연구원의 분석 결과에 따르면, 우리나라 직장인 평균 연봉은 3,600만 원이다. 월 300만 원의 급여를 받는 셈인데, 세금을 뺀 실수령액은 월 240~250만 원 정도다.

정부는 최저 임금을 올리려 하지만 아이러니하게도 노동으로 벌어들이는 가치는 떨어진다. 노동 가치가 떨어지는 원인이 뭘까?

주요 원인은 매년 늘어나는 세금과 주택 자금, 교육비 등의 부담이 커지는 데 있다. 월급은 고정되어 있는데 내야 할 지출이 증가하면서 상대적으로 월급 가치가 하락한다. 똑같은 시간을 일해도 가져가는 돈의 가치가 줄어드는 것이다.

앞으로의 시대는 노동력에 의지하는 시대가 아니다. 단순 노동은 로봇이나 인공지능으로 대체될 가능성이 크기 때문이다.

이러한 변화에서 노동력에 의존하지 않고, 최소한 지지 않는 싸움을 하려면 어떻게 해야 할까? 지식 비즈니스가 대안이 될 수 있다. 지식 비즈니스는 생산을 위한 비용 지출이 전혀 없으므로 무자본으로 시작할 수 있다. 무자본으로 비즈니스를 시작할 수 있다는 것만으로도 지지 않는 싸움을 할 수 있는 것이다.

다가올 경기 침체는 어느 날 반짝하고 사라질 이벤트가 아니다. 침체된 경제 상황을 눈앞에 지나가는 사건이 아닌 기본 옵션으로 받아들여야 한다. 다가올 장기 침체 상황 속에서 각 개인은 조직에 의존하지 않고 자립할 수 있는 경제 활동 능력을 반드시 가져야만 한다.

디지털 전환은 기회다

유튜브는 텍스트 시대에서 동영상 시대로 콘텐츠 산업의 변화를 이끌고 있다. 동영상 콘텐츠를 만들어 올리는 것을 직업으로 삼는 사람들을 일컬어 '유튜버'라고 한다. 유튜버로 성공한 이들의 연봉은 얼마일까? 그들의 수입은 일반 직장인의 연봉 수준을 훌쩍 뛰어 넘는다. 게다가 그들은 시간적으로도 비교적 여유로운 삶을 살고 있다.

직장인인 나는 궁금증이 생겼다. 어떻게 새로 생겨난 직업이 기존의 직업을 압도하는 생산성을 가져왔을까? 곰곰이 생각해 본 결과 그 원인은 '디지털 전환' 때문이라고 결론지었다.

디지털 전환이란 무엇인가? 과거 얼음 배달부 100명이 할 일을 냉장고 1대가 한다. 기술 발전은 필연적으로 '대체'를 야기한다. 무엇이 대체되는가? 기존 인력과 사업 방식을 대체한다. 디지털 전환은 생산과 소비, 양 측면에서 시간 단축뿐 아니라 사업 방식에 있어서 높은 효율을 가져왔다. 한마디로 적은 에너지로 큰 효율을 얻을 수 있게 해 준다. 오늘날 구글, 아마존, 마이크로소프트, 넷플릭스와 같은 IT기업들이 더 완전한 '디지털 세상'을 꿈꾸는 이유다.

전 세계를 뒤덮고 있는 코로나19 팬데믹은 사라질 기미가 보이지 않는다. WHO에 따르면, 팬데믹 상황은 최소 3년 이상 지속된다. 팬데믹이 우리에게 준 것은 질병이 아니다. 그것은 디지털 전환이다. 이러한 변화 속에 당신이 그토록 의지하는 회사 또한 어떻게 바뀔지 모른다. 이제는 어느 한 직장에 얽매이지 않고 자신만의 능력으로 독립적 경제 활동을 하는 인디펜던트 워커가 필요한 시기다.

불안한 미래를 대비하려면 자립하라

직장인에게는 앞서 얘기한 경기 침체와 노동 가치 하락뿐 아니라 정년 후 어떻게 살 것인가라는 문제도 있다. 보통 직장 정년은 55~60세다. 100세 시대를 바라보고 있는 현시대에 정년 후 30~40년은 과제로 남는다.

당신은 회사를 나온 이후에도 자립해서 살 수 있는 능력을 갖추고 있는가? 준비되지 않은 자에게 100세 인생은 축복이 아닌 고통이다. 100세를 살아갈 위험을 인지하고 있는 지금, 우리가 해야 할 일은 미래를 대비하는 것이다.

'진로 고민은 젊을 때 해야 한다'라는 통념은 깨진 지 오래다. 취업, 결혼이라는 전쟁을 치르고 나면 금세 나이 마흔이 된다. 주변의 마흔에게 물어보라. 그들은 인생 후반전을 잘 준비하고 있는가? 멀쩡히 직장을 다니고 있는 그들도 역시 '앞으로 어떻게 살아야 하지?'라는 고민을 치열하게 하고 있을 것이다.

실제로 많은 사람이 직장을 다니면서도 앞으로 뭘 먹고 살아야 할 것인가에 대해 고민한다. 모든 직장인들은 회사라는 울타리를 벗어나 오롯이 자기 이름으로 '경제적 자립'을 해야 한다는 문제를 빌트인(Built-in)하고 있다. 그런데 문제는 경제적 자립뿐이 아니다. 나이가 들면 자신의 '존재 가치'를 인정받고 싶어 하는 심리적 욕구도 부상하게 된다. 시간이 갈수록 '인생을 좀 더 의미 있게 살 수 없을까?'라는 자아실현의 욕구가 커지는 것이다.

경제적 만족과 자아실현, 이 2가지를 동시에 만족시키는 삶을 살기란 쉽지 않다. 돈을 벌자니 원하는 인생을 살지 못하고, 원하는 인생을 살자니 지금껏 살아왔던 관성을 깨고 다른 길을 선택하기 어렵다는 것을 깨닫게 된다. 경기 침체와 코로나로 인한 디지털 전환, 게다가 개인의 경제적 자립과 내면적 욕구가 충돌하는 이 시대를 어떻게 해야 잘 살아갈 수 있을까? 언젠가는 조직에서 나와야 하는 불안정한 시대. 우리에게 필요한 것은 조직에 의존하지 않고 살아남을 수 있는 경제적 자립 능력이다.

은퇴를 코앞에 둔 채 '앞으로 뭐 해 먹고 살지?'라는 식의 무방비 상태로 자신을 만들지 마라. 지금부터 준비해야 미래에 자립할 수 있다.

인디펜던트 워커란 무엇인가?

인디펜던트 워커는 시간, 장소뿐 아니라 직장 상사로부터 자유롭게 독립적으로 경제 활동을 하는 사람을 의미한다.

　인디펜던트 워커와 프리랜서가 헷갈릴 수 있다. 이 둘의 공통점은 독립적으로 경제 활동을 하는 것이다. 차이점은 일을 주도적으로 하는가 수동적으로 하는가에 따라 구분할 수 있다. 인디펜던트 워커는 자신이 원하는 일을, 원하는 시간과 장소에서 한다. 반면 프리랜서는 의뢰인이 원하는 일을 정해 놓은 시간까지 해 내야 한다. 인디펜던트 워커는 자신의 일을 창조하고 모든 일을 주도하는 반면, 프리랜서는 고객의 요구에 따라 다소 수동적으로 일한다. 이 점이 둘의 가장 큰 차이점이다.

불과 몇 년 전까지만 해도 회사에 소속되어 장기 근로 계약을 맺고 일하는 것이 평범한 일이었다. 디지털 플랫폼의 발달은 이러한 장기 근로 계약 방식에 변화를 가져왔다. 디지털 전환에 적응한 개인들은 스마트폰을 활용해 각종 상품, 서비스, 콘텐츠 등을 올려놓고 전 세계를 대상으로 거래를 할 수 있다. 조직에 의지해야만 할 수 있었던 생산과 유통의 경계가 무너져 버린 것이다.

디지털 플랫폼의 발달은 필요한 재능이나 상품을 찾고, 그것을 고용하거나 구입하기 쉽게 만들어 놓았다. 그 결정적 배경에 디지털 플랫폼이 있다. 독립적 경제 활동을 가능하게 한 디지털 플랫폼의 역할은 다음과 같다.

첫째, 디지털 플랫폼은 비즈니스의 물리적 한계를 없애고 확장성을 무한대로 만들어 놨다. 과거 전통적 방식의 회사들은 더 많은 판매를 위해 막대한 광고비와 예산을 투입해야 했다. 그러나 이제 디지털 플랫폼을 활용하면 최소의 예산 혹은 무료로 전 세계인에게 상품을 팔 수 있다.

둘째, 디지털 플랫폼은 서로의 필요가 충족되는 사람들을 시간, 장소에 관계없이 매칭시켜 준다. 이제 소비자가 원하면 언제든지 자기 취향에 맞는 판매자를 찾을 수 있고, 판매자로서도 원한다면 언제든지 목표에 맞는 소비자와 매칭될 수 있다. 이제 판매와 구매에 있어서 각 개인은 시간, 장소의 제약 없이 원하는 목적을 이룰 수 있다. 이는 전 세계적인 현상으로 개인이 국내뿐 아니라 세계적인 성공을 거둘 수 있는 가능성을 얻게 해 주었다.

맥킨지글로벌연구소에 따르면, 스마트폰이 각 개인의 독립적 경제 활동을 가속한다고 한다. 스마트폰이 소비자와 판매자 간 정보를 실시간으로 주고받을 수 있게 함으로써 특정 장소에 직접 가지 않아도 생산 및 경제 활동을 할 수 있게 된 것이다.

다음은 디지털 플랫폼으로 독립적 경제 활동을 하는 5가지 유형이다.

〈독립적 경제 활동 유형〉

임대 수익형	에어비앤비
노동 수익형	우버, 리프트
상품 판매형	스마트스토어, 아마존
재능 활용형	숨고, 아이디어스, 클래스101
지식 수익형	크몽, 탈잉, 유데미

다만, 이 책은 독립적인 경제 활동을 하는 인디펜던트 워커 유형 중 '지식 수익형'을 주로 다룬다. 지식 수익형을 메인으로 다루는 이유는 다음과 같다.

임대 수익형은 건물을 보유하거나 유지·관리해야 한다는 부담감이 있다. 우버와 같은 노동 수익형은 차량을 보유하거나 특정 자격을 가져야 하며, 수익 활동을 하기 위한 시간 소모가 크다는 단점이 있다. 스마트스토어와 같은 상품 판매형은 자신이 잘 알지 못하는 물질 상품을 유통·관리해야 한다는 부담감이 있다. 재능 활용형은 의뢰자와 판매자 사이에 용역 관계가 형성되어 자신의 브랜드나 몸값을 높이는 데 한계가 있으므로 자아실현 측면에서 아쉬운 점이 있다.

이 같은 이유로 이 책은 '인디펜던트 워커'의 다양한 유형 중 지식 수익형만을 다루기로 한다. 지식 수익형은 지식을 전달해 수익을 얻는 일이다. 이는 특성상 자신의 성장이 곧 타인의 성장을 가져오게 된다. 지식 수익형 비즈니스는 독립적 경제 활동뿐 아니라 자아실현을 달성할 수 있는 행복한 직업이다.

이제 회사가 나를 지켜 줄 것이라는 생각을 버릴 때가 됐다. 팬데믹으로 촉발된 디지털 전환과 경제 위기는 실적 저하, 실업, 인력 조정 등으로 귀결된다. 과거처럼 고용 보장이라는 달콤한 말은 들리지 않는다. 이제는 어느 조직에 소속되지 않아도 자신의 능력만으로 자립할 수 있는 '지식 수익형 비즈니스'를 해야 할 시기다.

당신이 변하지 못하는 3가지 이유

인디펜던트 워커가 되려면 디지털 전환에 적응해야 한다. 그러나 당신은 이러한 변화에 발맞춰 적응하지 못할 가능성이 높다. 왜냐하면 디지털 전환 속도가 우리 생각보다 더 빠르게 진행되기 때문이다. 게다가 당신은 빠르게 변하는 세상 흐름에 그다지 맞추고 싶지 않고, 굳이 맞춰야 할 이유도 느끼지 못할 수 있다. 섣불리 다른 일을 시작했다가 실패라도 하면 주변 사람들 보기에 창피할뿐더러 금전적 리스크도 생길 수 있다. 그러니까 당신이 디지털 전환에 적응하지 못하는(않는) 이유를 정리하면 다음의 3가지로 요약할 수 있다.

- 시대 변화 흐름이 너무 빠르다.
- 지금 하는 일이 익숙하다.
- 다른 일을 하기에는 리스크가 있다.

어쩌면 당신은 과거의 (성공할 거라고 여겨지는) 습관에 젖어 있을 수도 있다. 당신이 회사에서 높은 위치를 차지할수록 그러한 경향은 더 짙을 것이다. 삼십 대 중반이 넘을수록 사원, 대리, 과장, 차장, 부장, 임원 등으로 이어지는 전통적 계층 구조에 익숙할 것이다. 그러나 이러한 구조하에서 개인의 개성이나 취향은 그다지 존중받지 못한다. 조직의 가치와 기조가 개인의 성향보다 더 중요하기 때문이다. 물론 회사는 "개인 의견을 존중하며, 각자의 생각을 스스럼없이 주장하는 사람을 원한다!"라고 말할 것이다. 그러나 이는 회사 이미지 관리 차원의 캠페인일 뿐, 조직은 개인의 주관이나 성향을 중시하지 않는다. 제조업 기반의 전통적인 회사가 직원들에게 진짜로 원하는 것은 그저 묵묵히 회사가 원하는 대로 따라 주는 것이다.

다가오는 디지털 전환, 즉 변화하는 시대에 성공하려면 이와 반대되는 창조적 존재가 되어야 한다. 게임 시나리오 작가, 로봇 공연 기획가, 유전자 상담가처럼 창조하는 인간이 되어야 한다. 앞으로 다가오는 시대에는 로봇이 대체할 수 없는 창의적 인간, 바로 개성과 취향과 가치관을 내세우는 사람이 인정받게 될 것이다. 당신은 이러한 변화에 얼마나 준비되어 있는가?

인디펜던트 워커가 추구하는 8가지 가치

모든 것이 변하고 있다. 변화하는 세상 속에 변하지 않는 것이 있다면 오로지 당신뿐이다. 세상이 변수라면 당신은 변하지 않는 상수다. 지금 할 수 있는 것은 당신이라는 상수를 최대한 활용하는 것이다. 경제적 자립 능력을 키우려면 자신이 가진 것이 무엇인지, 그것으로 무엇을 할 수 있는지 파악하고 그것을 상품화하는 데 집중해야 한다.

당신의 핵심 자산은 지금껏 살면서 쌓아 온 '지식과 경험'이다. 당신이 회사에 소속되지 않은 상황이라고 가정할 때 당신은 무엇으로 먹고살 것인가? 당신이 가진 고유의 지식과 경험만이 경제 독립을 이룰 수 있는 유일한 자원이다.

다음은 인디펜던트 워커로서 경제 독립 능력을 키우려는 당신에게 전달하는 8가지 조언이다.

일단 시작하자

뭘 해야 할지 고민만 하고 있으면 첫걸음조차 떼기 어렵다. 작은 것이라도 실천해야 한다. 한번 해 보는 것이 더 많은 배움을 빠르게 얻을 수 있는 길이다. 일단 블로그를 개설하거나, PDF 전자책과 같이 작은 지식 상품을 만들어 시작할 수 있다. 처음부터 완벽한 서비스를 만들 수는 없다. 자신의 아이템에 대한 고객 피드백을 받아야 초기 비즈니스 모델을 지속해서 개선해 나갈 수 있다. 그렇게 작은 성공을 통해 점차 큰 성공으로 나가는 것이다.

모든 일이 그렇듯 지식 비즈니스도 안정 궤도에 오르기까지 시간이 필요하다. 적어도 2년 이상 꾸준히 하겠다는 각오로 임하자. 아무리 아이템이 좋은 지식 비즈니스라도 적정 이상의 시간은 필요하다. 우보만리(牛步萬里), 소걸음으로 천천히 만 리를 간다. 한 걸음씩 가다 보면 어느 시점에 이르러 큰 목표를 이루게 될 것이다. 큰 그림을 바라보고 일단 첫발 떼는 것부터 시작하자.

사람들로부터 신뢰를 얻자

지식 비즈니스의 핵심은 신뢰를 얻는 일이다. 모든 비즈니스는 관계에서 비롯된다. 사람에게 신뢰를 얻어야 그 뒤로 경제적 이익이 따라온다. 당신이 세상에 줄 수 있는 것이 있다면, 아깝다 생각하지 말고 먼저 주라. 그러면 신뢰를 얻을 것이다. 신뢰를 얻으면 머지않아 노력을 기울인 만큼 되돌아올 것이며, 당신이 생각했던 것보다 빠르게 지식 비즈니스의 열매를 맺을 수 있을 것이다.

무형의 상품을 다루자

우리가 가진 지식과 재능, 경험은 사고팔 수 있는 상품이 되었다. 텍스트(PDF·도서), 음성 파일(음원), 동영상(강연·코칭·상담·세미나·컨설팅) 등의 형태는 이제 온라인을 통해 판매가 가능하다.

아직도 많은 사람들은 '유형의 상품'을 거래하는 것이 안전하다는 선입견을 품고 있다. 그 이유는 우리 주변에 보이는 모든 것들이 유형의 물질 상품이기 때문이다. 음식, 부동산, 자동차, 의류, 핸드폰, 액세서리 등 우리가 사고파는 대부분은 '눈에 보이는 것'이다.

그러나 진정한 인디펜던트 워커가 되려면 눈에 보이지 않는 '무형의 상품'을 추구해야 한다. 무형의 상품을 취급하면 물건을 관리하거나 가게를 차릴 필요가 없기 때문에 임대료, 재료비, 인건비를 비롯한 고정 지출을 거의 '제로'로 유지할 수 있다. 무형의 상품을 취급한다는 것은 물리적 한계에서 벗어난다는 의미다. 물리적 한계에 종속되면 필연적으로 시간적·경제적 한계에 부딪힌다. 이러한 환경적 제약 조건을 없애려면 무형의 상품을 다뤄야만 한다.

지식 상품의 제작은 컴퓨터나 노트북 한 대만 있으면 할 수 있다. 비즈니스의 시작과 운영이 간단하고, 지속하기 위한 에너지 소모가 적다. 직원 고용이나 제품의 매입이 필요 없으므로 매출의 대부분이 순이익으로 남는 장점이 있다.

소규모로 시작하자

비즈니스 창업을 고민하는 사람들이 공통으로 고려하는 것이 어엿한 매장을 갖는 것이다. 그러나 섣불리 매장을 내면 안 된다.

매장을 내면 건물 임대료, 운송료, 인건비, 유지비 등 고정된 소모 비용으로 손해를 떠안고 시작하게 된다. 이는 매출에 있어서 마이너스 요소가 된다. 애초에 매몰 비용을 없애야 성공할 수 있다.

비즈니스에 있어서 항상 소규모, 소자본을 추구하자. 지식 비즈니스는 초기 투자비가 거의 없으므로 일을 하는 데 지출이 없고 실패해도 본전이다. 그러므로 '일을 해서 망했다'라는 개념이 없다. 소규모로 하면 진행 과정에서 뭔가 방향이 잘못됐다고 생각될 때, 과감히 방향을 선회할 수 있는 장점이 있다. 즉, 매몰 비용에 대한 미련 없이 언제든지 서비스를 전환하거나 접을 수 있는 것이다.

몸값 상승을 추구하자

지식 비즈니스는 몸값을 상승시키는 일이다. 일을 하면 할수록 사회적으로 인정받고 영향력이 커진다. 저자, 강연가, 코치, 컨설턴트와 같은 지식 사업가들은 주변으로부터 인정받고 존중받는 삶을 살 수 있다.

만약 당신이 대기업에 다닌다면, 안에 있을 때는 직장의 브랜드가 자신을 대변해 주는 것 같지만, 밖에 나오면 자기 이름의 값어치가 '제로(0)'로 돌아간다는 사실을 인지해야 한다. 즉, 일반 직장 생활로는 뚜렷한 몸값 상승을 추구하기 어렵다.

지식 비즈니스는 일을 열심히 할수록 자신의 몸값이 높아진다는 특징이 있다. 자기 브랜드로 일하기 때문이다. 지식 비즈니스의 특징은 자신의 배움과 성장이 곧 타인의 성장을 가져온다는 것이다. 이러한 선순환 구조 덕분에 일을 하면 할수록 몸값이 상승하는 것이다.

적게 일하고 많이 벌자

지식 비즈니스는 단위 시간당 생산성이 높은 일이다. 디지털 도구를 활용해 적은 시간 일하고 높은 수익을 가져오는 것이 지식 비즈니스다. 디지털 도구를 활용하면 '일하지 않아도' 돈이 들어오는 수익 구조를 만들 수 있다.

예를 들어, 온라인으로 PDF 책을 출간하면 인터넷상에 내 브랜드가 퍼져 나간다. 가만히 있어도 독자들이 팬이 되고 수익이 창출된다. 영업의 자동화가 이뤄지는 것이다.

온라인으로 강연을 하면 1회성 수익에 그치지 않는다. 강연을 녹음하거나 영상으로 만들면 판매할 수 있는 디지털 상품이 된다. 즉, 지식 상품을 디지털화하면 시간당 생산성을 무한대로 만들 수 있다.

자신만의 희소성을 높이자

세상의 변화가 빠르게 진행되면서 전문가 없는 틈새 영역이 생겨나고 있다. 디지털 시대의 급전환으로 신규 영역에서 전문가 부족 현상이 발생하고 있는 것이다. 예를 들어, 인공지능 분야가 빠르게 변화하면서 관련 전문가는 턱없이 부족한 상황이다. 매년 발표되는 신작 게임에 빠르게 적응하는 사람들은 유명 게이머로 거듭나기도 한다. 이처럼 변화에 빠르게 적응하면 해당 분야의 전문가로 발돋움할 수 있다. 희소가치를 높이는 방법은 생각보다 어렵지 않다. 먼저 변화하고 있는 분야에 다른 사람보다 빠르게 직간접적 경험을 쌓은 후 관련 비즈니스를 시작하는 것이다. 그러면 짧은 시간 안에 희소가치 높은 사람이 될 수 있다.

지식 비즈니스로 성공하려면 희소가치를 높여야 한다. 희소성이 곧 상품성이기 때문이다.

시간과 노동력을 최소화하자

오늘날은 수백 명을 대상으로 강연을 해도 강연 장소를 대여할 필요가 없다. 온라인으로 강연을 진행할 수 있기 때문이다. 디지털 플랫폼을 활용하면 심지어 해외여행 중에도 수익화가 가능하다. 게다가 우리나라는 전국의 와이파이 보급률이 거의 100%에 이른다. 스마트폰 하나만 있으면 언제 어디서든 수익 창출이 가능한 환경이다.

지식 콘텐츠를 상품화하면 시간 투입과 노동력 투입을 최소화할 수 있다. 그러므로 지식 비즈니스를 해야 한다. 노동하지 않아도 수익이 점점 커지는 경험을 할 수 있을 것이다.

버려야 할 습관 vs. 가져야 할 습관

경제 자립을 이루려면 불필요한 습관을 버려야 한다. 만일 게임을 좋아한다면 습관을 바꿔야 한다. WHO는 게임 중독을 질병으로 분류했다. 그런데도 수많은 남녀노소가 틈만 나면 게임에 빠진다. 주변을 보면 아이부터 어른까지 공통 관심사는 게임이다.

　경제 여건이 나아지지 않으니 가상 세계에서라도 어떻게든 스트레스를 풀고 싶은 심정은 이해한다. 그러나 게임을 해서 얻는 것은 무엇인가? 물론 재미를 얻을 수는 있지만 게임에 중독되면 소중한 시간을 흘려보내게 된다. 게임 중독이 가져오는 가장 큰 문제는 시간을 그냥 소모해 버리는 데 있다. 이는 자기 발전을 저해시켜 결과적으로 시간이 지나도 아무 발전을 하지 못하는 상태로 전락한다. 게임할 시간을 아껴 양질의 콘텐츠를 습득하자. 당신은 이전보다 시간 활용도가 높아질 것이고, 점차 발전된 상태에 이를 수 있을 것이다.

술을 좋아하는가? 그렇다면 과도한 음주 습관을 바꾸자. 술자리는 때로 관계 개선을 위해 도움이 된다. 그러나 술자리가 적당히 끝나지 않는다는 데 문제가 있다. 가벼운 술자리에서 그치지 않고 2차, 3차를 가야만 관계가 진전된다고 생각한다면 문제가 있다.

술에 취하면 불필요한 말을 하게 된다. 말실수를 하게 되고 사람들과 얼굴을 붉히는 경우가 생기기도 한다. 술자리를 과도하게 가져서 좋은 결과가 나오는 경우는 많지 않다. 특히 밤 늦게까지 술을 마시면 다음 날 악영향을 끼친다. 전날 마신 술은 당일뿐 아니라 그다음 하루를 망친다. 시간을 아껴 지식을 함양하고 자기 몸값과 브랜드를 키우는 데 집중하는 것은 어떨까.

그러면 어떤 습관을 가져야 할까? 나쁜 콘텐츠를 피하고 양질의 콘텐츠를 찾아보는 습관을 갖자. 육류에 포함된 지방질을 생각하면 된다. 지방이라고 해서 모두 나쁘거나 좋은 것은 아니다. 지방은 몸에 좋은 불포화지방과 나쁜 포화지방으로 나뉜다. 나쁜 포화지방은 체내에 들어오면 콜레스테롤과 합성하여 중성지방을 증가시키고 심혈관 질환을 유발하며 비만을 초래한다. 반면 불포화지방은 몸에 좋은 지방이다. 불포화지방은 체내 나쁜 물질과 결합해 체외로 배출시키고 비타민의 흡수를 도우며 콜레스테롤 수치를 낮추어 궁극적으로 건강을 이롭게 한다.

콘텐츠에도 좋은 콘텐츠와 나쁜 콘텐츠가 있으므로, 자신을 이롭게 하는 양질의 콘텐츠를 섭취하자. 킬링 타임용 콘텐츠는 시간 소모가 크므로 되도록 피하자. 책, 뉴스, 전문 블로그, 웹사이트 등을 구독함으로써 습관처럼 관심 분야의 간접 경험을 쌓자. 브랜드 구축과 마케팅, 지식 함양에 도움이 되는 양질의 콘텐츠를 섭취하는 것은 인디펜던트 워커로 성장하기 위한 좋은 습관이다.

적게 일하고 많이 버는 최고의 전략

디지털 플랫폼을 활용하면 에너지 소모를 적게 하면서 수익 극대화가 가능하다. 수익 창출에 있어서 디지털 플랫폼을 활용하는 것을 패시브 인컴(Passive Income, 소극적 소득)이라고 한다.

소극적 소득은 에너지 소모가 적은 것이 특징이다. 부동산 수익, 주식 배당, 도서 인세, 음원 판매와 같이 노동력의 투입 없이 무형자산으로 돈을 버는 방식이 대표적인 소극적 소득이다.

〈소득 방식 차이〉

적극적 소득 Active Income	소극적 소득 Passive Income
시간과 노동력이 많이 소모된다.	시간과 노동력이 적게 들어간다.
노동 집약적	지식 집약적
시간, 장소의 제약이 큼	시간, 장소의 제약 없음

이 책에서는 소극적 소득을 대표하는 방식으로 지식 비즈니스를 제시한다. 반대로 대표적인 적극적 소득 방식으로는 직장 생활을 들 수 있다. 지식 비즈니스와 직장 생활의 가장 큰 차이점은 '한계'가 있느냐 없느냐이다. 적극적 소득을 대표하는 직장 생활의 경우 수익의 한계가 명확하다. 과장 직급이라면 해당 직급에 정해진 수익이 따라온다. 직장 생활의 경우, 직급 이상의 보상이 주어지지 않는 것이 특징이다.

반면 소극적 소득을 대표하는 지식 비즈니스에는 보상에 한계가 없다. 디지털 플랫폼을 활용하기 때문에 시간, 장소의 제약이 없으며 시간과 노동력이 거의 수반되지 않기 때문에 일을 하면 할수록 경제적 보상은 극대화된다.

적극적 소득과 소극적 소득은 소득원을 무엇으로 하느냐에 따라 다르다. 소극적 소득은 지식을 수익원으로 하고 적극적 소득은 노동을 기반으로 구분된다.

직장 생활은 시간과 노동력을 소모해야 하는 숙명을 안고 있다. 직장인들은 시간과 장소의 자유를 구속받는 대가로 월급을 받는다. 이러한 노동 집약형 산업 구조에는 돈, 시간, 노동력, 이 3가지가 강력히 결속되어 있다. 돈, 시간, 노동력이라는 굴레에서 빠져나오려면 어떻게 해야 할까? 이를 위해서는 우선, 적극적 소득 방식에 익숙해진 생각의 굴레를 벗어나는 것이 중요하다.

─────── 〈소극적 소득의 장점〉 ───────

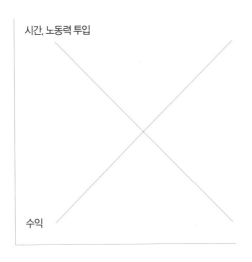

지식 집약형 비즈니스

소극적 수익을 늘리기 위해서는 시간당 생산성에 집중해야 한다. 시간과 노동력의 투입은 최소화하고 수익을 극대화하려면 시간당 생산성이 올라가야 한다. 다행히도 지식 비즈니스는 시간당 생산성을 극대화할 수 있는 일이다.

예를 들어, 강연가들은 시간당 생산성이 높다. 2시간 강연으로 500만 원 버는 강연가 A는 트렌드 관련 책을 집필한 후 몸값이 높아졌다. 직장인이었던 그는 이제 많은 기업으로부터 러브콜을 받는 트렌드 분야의 강연가가 되었다. A는 이제 출강 한 번에 한 달치 월급을 버는 경험을 하고 있다. 한 달 벌 금액을 하루 만에 번다. 시간당 생산성이 높아진 것이다. A처럼 지식 비즈니스를 통해 시간당 생산성을 높이는 방법은 다음과 같다.

첫째, 일의 결과가 오롯이 자신의 몫으로 돌아가야 한다.

직장 생활을 하면 대부분 경험하는 일이 있다. 아무리 열심히 일해도 그 결과가 상사 또는 회사에 돌아갈 뿐 자신에게 오지 않는다는 것이다. 회사는 시스템상 일의 결과가 조직으로 돌아간다. 그러므로 자신의 이름이나 브랜드를 걸고 일해야 일의 결과로 오는 생산성을 높일 수 있다.

나 역시 블로그를 시작하고 PDF를 판매하고 책을 출간하면서 내가 한 일의 보상이 나에게 돌아오는 것을 경험했다. 기간과 단체에서 강연 요청이 들어오고 커뮤니티에는 관심 있는 사람들이 모여들었다. 지식을 전달하는 일을 하고 나니, 모든 일의 결과가 나에게 돌아오고, 경제적 이익뿐 아니라 사람들의 인정을 덤으로 얻게 되었다.

둘째, 상품을 디지털화할 수 있어야 한다.

저자, 강연가, 블로거, 유튜버 등 지식 사업가들의 공통점은 상품을 디지털화한다는 점이다. 앞서 얘기했듯 상품을 디지털 플랫폼에 올릴 수 있다면 노동력의 투입을 최소화하면서 소득을 얻을 수 있다. 시간과 노동력 투입이 없으므로 시간당 생산성을 극대화할 수 있는 것이다.

셋째, 상품 가격이나 가치를 따질 때 시간 투입량으로 계산하지 않고 가치 크기의 양으로 따지는 것이다.

예를 들어, 직장인은 하루 8시간 일해서 시간당 1만 5,000원으로 비용을 계산한다. 시간 투입량으로 계산하면 월급 270만 원의 값어치가 나온다. 반면 지식 비즈니스는 계산 방식이 다르다. 2시간 일해도 제공한 가치의 크기가 크다면 그에 비례하는 보상을 얻는다.

───── 〈인디펜던트 워커의 가치 계산 방법〉 ─────

평범한 직장인	인디펜던트 워커
하루 9시간 일하는 직장인은 1시간 투입 대가로 시간당 1만 5,000원의 급여를 받는다. 일 급여는 13만 5,000원이고 한 달 20일 일했으므로 월급은 270만 원이다.	시간당 임금이 아닌 제공한 가치의 크기만큼 큰 이익을 가져간다. 2시간 동안 50만 원의 가치를 100명에게 제공했다면, 수익은 5,000만 원이다.
9시간 X 일급 13만 5,000원 = 270만 원	50만 원 X 100명 = 5,000만 원

인디펜던트 워커가 되고 싶다면 이러한 사고방식의 전환을 해야 한다.

돈 되는 공부가 생존 전략이다

아마 당신이 지금껏 해왔던 공부는 인문, 사회, 역사, 경영, 각종 기술 자격 등 제도권이 인정한 일반적인 내용일 것이다. 물론 이처럼 제도권이 가르쳐 주는 공부로도 성공할 수 있다. 그러나 인디펜던트 워커로서 경제적 독립을 이룬다는 목표로 본다면 제도권이 인정하고 있는 기존의 방식만으로는 생존이 어렵다. 인디펜던트 워커가 되려면 반드시 돈 되는 공부를 해야 한다. 돈 되는 공부란, 하면 할수록 나도 돈 벌고 나를 통해 배운 다른 사람도 돈을 벌게 해 주는 것을 말한다.

　나 역시 과거에는 돈 되는 공부가 무엇인지 몰랐고 알려 주는 이도 없었다. 어쩌면 정작 돈 되는 공부는 너무 노골적이라서 우리 사회가 암묵적으로 금기시하는 듯한 느낌마저 든다. 과거에 주식과 부동산 투자는 불로소득 또는 투기라는 딱지를 붙여 통념상 금기시했다. 최근에는 가상화폐가 그랬다.

생각해 보라. 제도권이 인정하는 범위 내에서 돈 버는 사람들은 상위 20% 이내다. 나머지 80%에 해당하는 사람들은 정해진 제도권 내에서 성공하기가 하늘의 별 따기다. 경기의 룰과 제약 조건이 상위 20%에게 맞춰져 있기 때문에 80%에 해당하는 사람에게는 애초부터 불리한 게임이다.

그러면 돈 되는 공부를 어디서 어떻게 찾는가? 제도권과 불법 사이에 있는 그레이(Grey) 영역에 힌트가 있다. 예를 들어, 나의 첫 책은 돈을 벌어다 주는 그레이 영역의 공부라고 볼 수 있다. 당시 구글 애드센스는 국가에서 세금을 매기지 않는 그레이 영역의 수익원이었다. 기존 제도권이 인정하지 않는 영역인 것이다. 물론 최근에는 국가가 이를 제도권 안으로 인정하면서, 애드센스로 돈 버는 블로거나 유튜버들에게 세금을 매기려는 움직임이 있다.

다만, 돈 되는 공부는 특성상 쉽게 알 수 없다. 공인중개사나 토익처럼 누가 그것을 가르쳐 주겠다고 전면에 나서지 않는다. 그래서 이것을 배우는 것이 맞는 걸까 하는 고민마저 든다. 분명 불법은 아닌데, 제도권 안에서 다루지 않는 영역이다 보니 고민이 되는 것이다. 그러나 내 경험에 의하면 이러한 그레이 영역에 있는 것들이 대부분

돈이 되는 공부다. 최근 디지털 기술의 급속한 발달로 새로운 그레이 영역이 많아지고 그 범위는 넓어지고 있다.

돈 되는 공부를 하려면 생소해 보이더라도 과감히 그레이 영역에 도전하자. 최근 가상화폐는 점차 제도권 안으로 들어가고 있다. 초기에 가상화폐라는 그레이 영역에 뛰어들어 재테크 전문가로 포지셔닝한 이들은 아직 제도권으로부터 인정받지 않고 있지만, 자신들의 경험과 실전 노하우를 기반으로 전문 영역을 발굴해 수익 활동을 하고 있다. 이런 양상은 구글 애드센스 수익형 블로그가 그랬고, 유튜브도 마찬가지다.

독립적 경제 활동을 위한 지식 수익형 인디펜던트 워커가 되려면 돈이 되는 지식을 가지고 있어야 한다. 그리고 디지털 혁신으로 변화되는 그레이 영역에 돈 버는 지식이 있다. 그것을 익혔을 때 자신은 물론 타인도 돈 벌게 해 줄 수 있는 것. 이것이 그레이 영역의 돈 버는 공부다.

PART 2

지식 비즈니스로
경제 독립을 꿈꾸자

좋아하는 일 하면서 돈 걱정 없는 삶

직장인도 때로는 새로운 일을 하고 싶다. 가끔은 아무에게도 구속받지 않고 자유롭게 마음속에 꿈꿨던 일을 하고 싶은 것이다. 그러면 주변 사람들은 얘기한다. "원하는 대로 살고 싶으면 사업을 해."

사업은 리스크가 있지만 진정 하고 싶은 일을 아무 제약 없이 할 수 있는 유일한 방법이다. 자기 사업을 하면 상사 눈치를 보지 않고, 윗사람 지시가 아닌 자기 의지로 의사 결정을 한다. 휴가철엔 원하는 날에 휴가를 내고, 면접시험에서 평가받는 입장이 아닌 평가하는 입장이 된다.

이러한 장점에도 불구하고 우리가 사업을 쉽사리 하지 못하는 이유는 뭘까? 개인 사업은 위험하다는 막연한 고정관념 때문이다. "사업해서 망했다", "회사 밖은 위험하다"라는 얘기를 들으면, 사업 실패로 지금껏 쌓아 온 지위나 재산을 잃어버릴지 모른다는 걱정이 앞선다.

일반적으로 사업에 대해 가지는 부정적 고정관념은 다음과 같다.

- 초기 투자비
- 매장 임대료
- 직원 월급
- 재고 관리비
- 홈페이지 유지비
- 홍보 비용
- 대출 이자
- 사업 실패로 인한 재고 처리비

위의 문제들은 사업을 기피하게 되는 대부분의 이유다. 어떻게 해야 사업의 리스크를 헷징(Hedging)하고 이윤을 창출할 수 있을까?

다행히 실패해도 충격이 없고 직장 생활과 병행해도 무관한 사업이 있다. 그것이 바로 지식을 파는 일이다. 과거에는 지식 기반의 비즈니스가 몇몇 사람들만의 유일한 사업으로 진입장벽이 높다고 여겨졌다. 그러나 디지털 시대로 흐름이 바뀌면서 누구나 의지만 있으면 지식 비즈니스를 할 수 있게 되었다. 안전하게 돈 버는 방법은 의외로 단순하다.

- 오프라인 매장을 내지 않는다.
- 무형의 상품(지식)을 온라인으로 판매한다.
- 자본금을 투입하지 않는다.
- 직장 생활과 병행한다.

이처럼 사업에 요구되는 부담을 '제로'로 만드는 것이다. 그리고 본업을 가진 상태에서 무자본으로 시작하는 것이다. 사업을 운영하는데 경제적 부담이 없다면 실패하더라도 충격은 없다.

그러므로 나는 당신이 직장 생활과 지식 비즈니스를 병행하기를 추천한다. 혹시라도 당신이 지식 비즈니스를 시작했을 때 발생할 수 있는 최악의 상황을 가정해 보자. 실패했을 때 어떤 손해를 입을지 가늠해 본다면 판단에 도움이 될 것이다. 지식 비즈니스를 시작했는데 실패한다면 어떤 결과를 얻게 될까? 실패를 가정했을 때 당신은 최소한 다음과 같은 것들을 얻게 될 것이다.

- 소수의 고객 목록
- "이렇게 하지 말아야겠다" 하는 경험
- 생각을 행동으로 실천했다는 만족감

반대로 당신의 지식 비즈니스가 성공한다면 어떻게 될까? 성공하면 당신은 더욱 많은 것을 얻을 수 있다.

- 대규모의 고객 목록
- "이렇게 하면 되겠다!" 하는 자신감
- 일하면서 얻을 수 있는 노하우 (이것도 돈 되는 지식이다!)
- 직장 생활에서 얻지 못하는 성취감
- 고객으로부터 얻게 되는 존중감
- 금전적 이익
- 퇴직 후 인생 후반전을 위한 탈출구 마련

어떤가? 지식 비즈니스의 성공과 실패를 가정해 득과 실을 따져보면 두 경우 모두 잃을 것은 없다. 성공하든 실패하든 당신은 오직 이익을 얻게 된다. 적은 이익을 얻느냐, 많은 이익을 얻느냐의 차이일 뿐이다. 그러므로 실패에 대한 부담이 없는 지식 비즈니스를 하되 손해가 없는 다양한 시도를 하자. 지식을 상품화하는 다양한 시도를 할수록 당신의 성공 가능성은 점점 커지고, 당신의 통장 잔고는 '플러스'가 될 확률이 높아진다.

좋아하는 일을 하면서 돈 걱정 없이 사는 삶. 직장 생활만으로는 요원하지만, 지식 비즈니스로는 가능하다. 지식 비즈니스의 성공은 부담 없는 비용으로 시작해 의미 있는 실천을 반복하는 데 있다.

내가 지식 비즈니스를 시작한 계기

당신의 이해를 돕기 위해 내가 어떻게 직장 생활과 지식 비즈니스를 병행하게 되었는지 얘기해 보겠다.

나는 2014년부터 월급 외 제2의 수익원에 관심을 두기 시작했다. 전에 얘기한 것처럼 내 첫 번째 도전 분야는 블로그였다.

처음 내 블로그 수익은 말도 안 되게 너무 적었다. 너무 적은 수익 때문에 한때 포기한 적도 있었다. 그 당시 나는 '고작 이런 수익을 얻으려고 이 고생을 했던가' 하는 자괴감이 들 정도였다. 하루 300원도 안 되는 수익이 들어왔으니 말이다. 결국 인내심이 바닥난 나는 3개월도 채 되지 않아 블로그를 포기하고 말았다.

한편 2014년 당시 나는 국내 주식 투자에 관심이 많았다. 하지만 주식 시장의 예측할 수 없는 변동성 때문에 수익을 내기가 힘들었다. 내가 투자한 한 종목은, 회사 내부 관계자의 개인적인 문제로 잘나가던 주가가 갑자기 곤두박질쳐 고전을 면치 못했다. 어느 주식이든 상승세를 타다가도 누군가의 잘못된 말 한마디에 금세 하락세로 돌아서곤 했다.

그렇게 주식 투자에서 곤욕을 치르고 있던 때, 아예 거들떠보지도 않았던 구글 애드센스 본사로부터 편지가 날아왔다. 미미한 수익들이 쌓여 어느새 10달러(약 1만 원)가 되었으니 입금 통장을 등록하라는 것이었다. 그때 나는 깨달았다. 주식에는 마이너스가 있는데, 블로그에는 마이너스가 없구나. 콘텐츠가 쌓이는 속도도 느리지만 어쨌든 계속 자료를 올리면 '플러스'만 있다는 것을 알게 된 것이다.

블로그에 한번 올린 글은 사라지지 않고 그대로 쌓여 계속 플러스, 플러스가 되니까 꾸준히 하면 결국 수익이 나오겠구나!

그러면서 블로그에 대한 강한 확신이 들었다. 그간 주식의 불확실성과 변동성으로 인해 상실감이 컸던 나는 블로그를 활용한 구글 애드센스 수익에 다시금 주목했다.

그다음 날부터 매일 새벽, 출근하기 전에 한두 건의 블로그 포스팅을 하고 집을 나섰다. 그렇게 석 달 정도 블로그에 매진했다. 다행히도 구글 애드센스 수익은 조금씩 늘어가는 듯했다. 그럼에도 불구하고 고백하건대, 불굴의 의지만으로 블로그 수익을 키우는 것은 만만치 않은 일이었다. 생각만큼 사람들의 방문이 많지 않았기 때문이다.

다시금 마음속 부정적 생각이 고개를 들었다. 아무리 노력해도 방문자가 늘지 않는다. 이대로 블로그를 접어야 할까?

도대체 어떻게 하면 블로그에 더 많은 사람이 찾아오게 할 수 있을지 매일 고민했다. 그렇게 블로그 육성 방법을 고민하던 어느 날, 무심코 우리 큰아들의 약 봉투를 보는데, 약 이름이 너무나 생소했다. 포털 사이트에 약 이름을 검색했다. 약 이름은 '페니라민정'. 검색창에서 월간 검색 조회 수가 1만 5,000건이 넘는 어마어마한 키워드였다. 그런데 검색 결과를 보니 블로그 영역 최상단에 뜨는 키워드이면서도 기존에 누적된 포스팅 양이 많지 않았다. 사람들의 관심이 많은 키워드인데, 왜 게시글이 없을까 생각했다. 그 순간 알았다.

이 키워드는 경쟁자가 없는 블루오션이야!

이거다! 이 분야를 전문으로 포스팅하자.

약에 관해 궁금해하는 사람들은 생각보다 매우 많았다. 약 종류는 무궁무진했고, 쓸 수 있는 키워드는 풍부했다. 나는 약 이름을 소재로 블로그를 채우기 시작했다. 곧 효과가 나타났다. 100명 남짓했던 블로그 하루 방문자는 한 달 만에 500명, 그러더니 금세 1,000명 이상으로 불어나기 시작했다.

방문자가 늘면서 자연스레 수익도 늘어났다. 나는 계속 약 이름을 소재로 블로그 육성에 집중했고, 동시에 포털 사이트 상위 노출을 위한 노하우를 터득했다. 그렇게 수개월이 지나 마침내 한 달 수익 100만 원 이상의 쾌거를 이룰 수 있었다. 그런데 그때쯤, 내 생각을 깨뜨린 또 하나의 이벤트가 있었다.

블로그에 빠져 살던 나는 어느 날 흥미로운 경험을 하게 되었다. 그것은 한 통의 이메일에서 시작되었다. 이메일은 누군가 자신의 지식을 PDF 파일로 정리하여 판매한다는 내용이었다. 메일 보낸 이는 네이버 카페를 운영하고 있었는데, 회원은 많지 않았지만 내가 생각했던 방식과 다르게 수익을 창출하고 있었다.

그는 자신의 지식과 노하우를 PDF로 만들어 상품화했다. 물질 상품을 제작하지 않고도 짧은 시간에 적지 않은 수익을 얻는 모습을 눈앞에서 볼 수 있었다.

머릿속 지식을 PDF 상품으로 만들어 판매 수익을 얻는다!?

그의 판매 방식을 지켜보고 있자니, 그저 어안이 벙벙했다. 접해 보지 않은 새로운 수익 창출 방식에 적지 않은 충격을 받았다. 곧장 그에게 이메일을 보내서 1:1 상담을 요청했고, 상담을 통해 몇 가지 팁과 노하우를 얻을 수 있었다. 나는 그때야 비로소 '지식이 곧 상품'이라는 개념을 알게 되었다. 전혀 몰랐던 온라인 마케팅 영역에도 눈을 뜨게 되었다.

그것이 계기였다. 그를 만나기 전까지 나는 블로그에 의존하여 단순 정보 제공을 대가로 광고 수익만 얻으려고 했었다. 지식을 상품화해서 직접 판매한다는 생각은 전혀 하지 못했다.

지식을 디지털 상품으로 만드는 것. 그것은 디지털 시대에 적합한

생존 방법이다. 당신이 가진 지식과 경험도 디지털 상품이 되면 이익
을 창출하는 도구가 될 수 있다.

돈과 시간의 연결 고리를 끊어라

자본주의 시스템 속에서 우리는 돈을 벌기 위해 시간을 소모하고, 생활을 영위하기 위해 어쩔 수 없이 돈을 소모하게 된다. 다시 말해, 우리는 돈을 벌기 위해 시간을 쓰고 시간을 벌기 위해 돈을 쓴다. 아찔한 사실은, 이러한 돈과 시간의 연결고리를 끊고자 노력하지 않으면 죽을 때까지 반복되는 시스템의 굴레 속에 살아야 한다는 것이다.

직장 월급은 투입된 시간에 정비례한다. 하루 8시간씩 일주일 일하면 40시간 일하게 되며, 급여는 시간당 1만 5,000원이라고 가정하면 일주일에 60만 원이 된다. 이 계산이라면 한 달 꼬박 일해도 240만 원 이상 벌지 못한다.

돈과 시간의 결속 안에서 우리는 '시간의 한계'뿐 아니라 '수익의 한계'를 경험하게 된다. 투입할 수 있는 시간이 한정되므로 수익에도 한계가 있는 것이다. 이러한 상황에서 수익을 늘리기 위한 방법은 2가지뿐이다. 자기 가치를 높이거나, 노동시간을 늘리거나.

전통적 수익 창출 방식의 한계	자격 취득, 승진 (자기 가치를 높이는 방법)	시간당 1만 5,000원 → 시간당 2만원으로
	야근, 주말 수당 (노동 시간을 늘린다)	하루 8시간 노동 → 하루 10시간 노동

많은 사람은 자기 가치를 높이기보다 노동 시간 늘리기를 선택한다. 돈과 시간의 결속 시스템하에서 자격 취득이나 승진은 고된 과정이 요구되며 투입한 노력에 비해 보상이 그다지 크지 않다. 반면 시간을 더 투입하는 야근이나 주말 수당은 상대적으로 즉각적인 결과가 나타난다.

직장인은 야근 수당이나 주말 수당을 받지 않으면 수익 증대가 어렵다. 승진 역시 주어진 기간이 지나야만 하므로 결국 수입을 늘리려면 정해진 시간을 소모해야 한다. 돈과 시간의 연결 고리에 종속되므로 시간 소모형 인간이 된다. 많은 시간을 회사 일에 소모하게 되므로 인생의 소중한 것들을 놓치게 된다.

이러한 돈과 시간의 연결 고리를 끊기 위해 노력하지 않으면 우리는 천년을 살아도 매일 똑같은 삶을 살게 된다. 반복된 일상에 정해진 시간 투입을 계속하는 수밖에 없다.

이런 얘기를 하는 이유는 자본주의 시스템의 부정적 측면을 강조하기 위함이 아니다. 오히려 내 입장은 그 반대다. 이 책을 통해 당신은 돈과 시간의 연결고리를 끊을 수 있다. 나는 시간, 장소와 관계없이 스마트폰으로 단 1분 만에 PDF 전자책을 발송하고 2만 원의 수익을 창출한다. 1분에 2만 원을 버는 꼴이다. 도서 인세나 블로그 운영, 강연도 마찬가지의 수익 방식이다. 적은 시간 투입으로 큰 수익을 얻는다.

지식 비즈니스의 장점은 무엇인가? 경제 활동에서 필수라 여겨졌던 '시간 투입' 문제를 완전히 해소한 것이다. 만약 당신이 지식 비즈니스를 한다면 돈과 시간의 연결 고리를 끊을 수 있다. 지금 당신에게 필요한 것은 돈을 벌기 위해 시간 투입이 필요하다는 '과거의 패러다임'을 버리는 것뿐이다.

지식 비즈니스는 시간 소모가 적고 수익은 크다. 이는 돈과 시간의 연결고리를 끊을 수 있는 유일한 방법이다.

초기 자본금은 필요 없다

스키를 잘 타려면 타는 방법보다 넘어지는 방법을 잘 배워야 한다. 지식 비즈니스를 하는 사람에게 필요한 덕목 중 하나는 실패에 대한 충격을 최소화하는 것이다. 안전하게 넘어지는 법을 배운다는 것은 실패로 인한 여파나 금전적 손해를 헷징하는 것이다.

새로운 일을 시작하면 누구나 실패를 겪을 수 있다. 직장 생활에서 하던 일과 전혀 다른 일을 하면 시행착오를 겪게 되는 건 당연한 일이다. 지식 비즈니스도 마찬가지다. 중요한 것은 시행착오를 성공 발판으로 바꾸는 것이다.

어떻게 해야 실패에 대한 충격을 헷징할 수 있을까? 최대한 가볍게 시작해야 한다. 돈을 투입하지 않고, 경제적 부담 없이 맨손으로 시작하는 것이다. 경제적 부담이 없어야 실패해도 툭툭 털고 일어날 수 있다.

어떤 사업이든 일을 진행하다 보면 기대와 다른 상황이 펼쳐지곤 한다. 그 때문에 처음부터 사업비를 투자하거나 거금을 들여 시스템을 구축해 놓으면 나중에 유동할 수 있는 자금이 부족해서 결국 실패하고 손해를 떠안게 된다.

나 역시 과거에 실수를 했다. 상업용 온라인 홈페이지를 구축한다는 명목으로 거금을 투자하여 홈페이지를 완성했다. 개인으로서는 홈페이지 구축 비용만으로도 상당히 큰 비용을 들였는데, 그 이후 홍보 및 마케팅에 천문학적인 비용이 필요하다는 것을 간과하고 있었다. 여유 자본금은 다 떨어졌고 홈페이지는 수정 작업도 마무리하지 못한 채 무용지물이 되어 버렸다. 결국 나의 홈페이지 구축에 투입한 비용은 고스란히 손해로 남았다.

애초에 홈페이지가 필요 없는 사업을 계획했다면 손해가 없었을 것이다. 만약 그 돈으로 무형의 지식 상품 개발에 더 집중했다면, 손해를 보는 게 아니라 오히려 이익이 남았을 것이다.

손해를 떠안지 않으려면 자본금 투입 없이 시작해야 한다. 처음부터 특정 시스템을 구축하기보다는 무자본으로 만들 수 있는 지식 상품 개발에 집중해야 한다.

지식 비즈니스는 자본 투입 없이 작게 시작할 수 있다. 처음에 가장 좋은 방법은 PDF 같은 전자책 형태의 상품을 판매하는 것이다. 지식 판매에 있어서 PDF처럼 좋은 소재는 없다. 20~30페이지로 만드는 PDF 전자책은 자본 없이, 실적 없이 시작할 수 있는 좋은 도구다.

자신의 경험이나 노하우를 엮어 PDF로 만들면 크몽이나 탈잉과 같은 지식 마켓에 판매할 수 있고, 해당 내용을 발전시켜 종이 도서로 출간하거나 오프라인 강연에도 쓸 수 있으므로 확장성이 좋다.

노트북 한 대만 있으면 할 수 있는 지식 비즈니스는 실패해도 손해가 없는 안전한 사업이다. 비즈니스에 있어서 자본금을 투입해야 한다는 고정관념을 버리자.

월급 생활과 지식 비즈니스 병행하기

나는 직장 생활과 지식 비즈니스를 병행하고 있다. 월급 받는 사람은 마땅히 업무 시간 내 회사 일을 열심히 해야 한다. 다만 업무 외 시간은 내 자유라는 것을 잊지 말자. 출근 전, 퇴근 후, 그리고 주말 시간은 순전히 나만의 비즈니스를 하기 위한 시간이다. 나는 이런 자투리 시간을 활용해 책 쓰고, 강연하고, 콘텐츠를 만들고, 커뮤니티를 만들고 수익을 창출한다.

직장 생활과 지식 비즈니스를 병행하는 과정은 고되지만 그 끝은 달다. 특히 강연 준비나 책을 내기 위해 원고를 쓰는 일은 큰 인내심을 필요로 한다. 오랜 집필 과정을 거치고 나면, 출판사와 출간 계약을 맺고 편집 과정을 거쳐 마침내 책이 나온다. 그렇게 해서 나온 책을 서점에서 만져 보는 짜릿한 경험은 해 보지 않은 사람은 모를 것이다. 책을 내면 독자들로부터 연락이 오고, 강연 문의가 오고, 은행 통장에 월급만이 아닌 제2의 수익이 추가로 들어온다. 그것은 매우 즐거운 경험이다.

만약 당신이 풀타임으로 지식 사업을 하고 싶더라도 초기에는 직장 생활과 지식 비즈니스를 병행하기 바란다. 갈수록 경기가 위축되고 있는 이 시기에 안전 자산으로 여겨지는 직장을 나왔다가 오도 가도 못하는 상황이 될 수도 있기 때문이다. 회사에 다니면서 제2의 수익을 점차 늘려 가는 방법으로 안정적 탈출 전략을 세우자.

직장이라는 끈은 함부로 놓는 것이 아니다. 기존의 끈을 놓지 않은 채 다가오는 기회를 잡아야 한다. 직장 생활과 지식 비즈니스를 병행하되 지식 기반의 수익이 1년 이상 꾸준히, 그리고 충분히 들어온다고 판단될 때 비로소 직장의 끈을 놓아도 된다.

다음은 직장 생활과 지식 비즈니스를 병행해야 하는 4가지 이유다.

비즈니스 정상화를 위한 최소의 시간

30년 경력의 스타 강사 김미경은 8년간의 무명 강사 생활을 거쳐 비로소 지금의 위치에 이르렀다고 한다. 이처럼 지식 비즈니스는 브랜드를 구축하고 그것을 확장해 수익을 창출하기까지 오랜 시간이 필요하다. 사업이 안정 궤도에 오르려면 절대적인 최소의 시간이 필요하다.

취미처럼 즐기며 오래 지속하기

일을 계속하려면, 잘되지 않을 때에도 즐겁게 할 수 있어야 한다. 우선적인 조건은 수익에 얽매이지 않는 것이다. 그러기 위해서 의무감으로 하지 않고 취미처럼 해야 한다. 뭐든지 오래 지속해야 성공할 수 있다. 지식 비즈니스를 취미처럼 한다면 오랫동안 즐기며 일을 지속할 수 있을 것이다.

좋은 결과를 얻기 위한 개선 과정

모든 사업이 그렇듯 상품이 즉각적으로 사람들의 주목을 받기란 쉽지 않다. 어떤 상품이든 간에 의미 있는 결과값이 나오려면 시간이 필요하다. 많은 사람을 만나고, 다양한 의견을 수렴하여 비즈니스를 계속 발전시켜 나가야 한다. 고객으로부터 좋지 않은 피드백이 나오면 개선해야 한다. 개선하지 않으면 돈 되는 지식 상품을 만들 수 없다. 다만 개선하는 과정은 단기간에 끝나지 않는다. 지식 상품을 개선하고 완성도 있게 만드는 데 적어도 2년 이상의 시간이 필요하다.

퍼스널 브랜드와 팬의 형성

지식 사업은 당신을 따르는 누군가를 만드는 일이다. 어찌 보면 스승이 제자를 만드는 일과 유사하다. 당신을 따르는 누군가를 만들려면 시간이 필요하다. 당신을 열렬히 응원해 줄 수 있는 소수의 팬은 사업 성장의 발판이다. 팬이 형성될 때까지 직장과 병행해야 하는 이유다.

모든 일에는 '안정 궤도'라는 것이 있다. 아무리 훌륭한 사업이라도 오랜 시간 공들이지 않으면 성공 가능성은 높지 않다. 그러니 안정 궤도에 오르기 전까지는 직장 생활을 병행하자. 사업 초기에는 누구나 수익이 크지 않으며 수익이 발생하더라도 고정적이지 않으므로 안정적으로 진행될 때까지는 직장과 지식 비즈니스 두 마리 토끼를 잡는 능력을 발휘해야만 한다.

나의 경우 지식 비즈니스와 직장 생활의 비중을 따지면 5:5다. 언제라도 직장을 퇴직하게 되면 지식 사업으로 갈아탈 수 있도록 출구를 마련해 놓아야 한다.

Tip. 사업자등록을 반드시 해야 할까?

지식 비즈니스 초기에는 사업자등록이 필수는 아니다. 만약 당신의 고객이 사업자등록이 없는 것을 이유로 구매를 망설인다면, 세금에 해당하는 만큼 할인해 주거나 정중히 거절하는 것도 방법이다.

단, 사업의 규모가 커지면 전자세금계산서 발행이 필요한 경우가 생기므로 사업자등록을 하는 것이 좋다.

비싼 지식을 사서 더 비싸게 판다

2015년, 나는 갓 풋내기 티를 벗은 초보 블로거였다. 그 당시 나보다 훨씬 큰 수익을 내는 블로거들이 있었고, 그런 고수들은 내가 알지 못하는 수익 창출 노하우를 가지고 있었다. 그 당시 나는 파워 블로거들의 수익 창출 노하우를 손에 넣고 싶어서 안달이 난 상태였다.

인터넷 서핑 끝에 수익을 많이 창출하고 있는 블로그 커뮤니티를 찾아냈고, 그중 수익을 가장 많이 내는 카페 운영자 한 분과 연결이 됐다. 그분은 티스토리 블로그를 통해 월 100만 원 이상의 구글 애드센스 수익을 얻고 있었고, 자신이 체득한 블로그 노하우를 사람들에게 가르치고 있었다.

그분의 강연 커리큘럼은 매력적이었다. 블로그 내에 구글 애드센스 광고를 어떻게 게재해야 하는지, 어떤 키워드를 사용해야 상위 노출이 잘되는지 등, 커리큘럼에 보이는 모든 내용들이 궁금했다.

그런데 강연을 신청하기 앞서 한 가지 걸리는 점이 있었다. 그것은 강연료였다. 그의 블로그 강연료는 100만 원이었다. 100만 원이라는 가격은 그 당시 나에게 심리적으로 상당한 부담이었다. 긴 고민 끝에 나는 강연을 구매하기로 마음먹었다. 그 강연을 들으면 블로그 수익으로 100만 원 이상의 소득을 충분히 얻을 수 있으리라 자신했기 때문이다.

그러나 100만 원짜리 블로그 강연은 결과적으로 기대에 미치지 못했다. 강연의 80% 이상은 내가 이미 아는 내용이었고, 그마저도 인터넷 검색을 하면 충분히 알 만한 수준이었다. 물론 나머지 20% 정도 새로 알게 된 내용만으로도 강연비를 뽑았다고 스스로를 위안했지만, 여전히 마음속에 아쉬움은 남아 있었다.

급기야 오기가 생겼다. 내가 지불한 100만 원을 회복하고 싶었다. 한편으로는 '나도 이 정도 강연은 할 수 있겠다!' 하는 생각이 들었다. 마침내 나는 100만 원을 회복하기 위한 도전을 감행했는데, 그것은 블로그 노하우를 정리해 책을 출간하는 것이었다. 그 당시 구글 애드센스를 비롯한 블로그 서적은 시중에 거의 없었다. 그래서 책을 내면 잘 팔릴 것 같았고, 책 출간 후 강연을 할 수 있겠다는 막연한 생각도 들었다.

출간에 대한 생각이 정리된 후 본격적으로 원고 작성에 들어갔다. 목차가 완성되었고, 각 목차에 따른 내용을 채워 나갔다. 초고 작성에 들어간 지 3개월 정도 지나자 원고는 어느 정도 완성된 형태가 되었다. 완성도를 더 높이기 위해 추가 수정을 해야 했지만, 출판사 확정 후 원고를 마무리해야겠다는 생각이 들었다. 인터넷을 검색하여 중견 출판사 세 군데에 투고를 했는데, 그중 한 곳에서 연락이 왔다.

책을 출간하는 일은 생각했던 것보다 많은 시간과 노력이 들었다. 전체적인 내용을 정리하는 일도 힘들었지만, 현황에 맞는 최신 사진과 자료로 업데이트하는 일도 여간 번거로운 작업이 아니었다. 특히 직장 생활과 육아를 병행해야 했기에 도서를 집필하는 과정은 결코 쉬운 일이 아니었다.

그렇게 고된 과정을 거쳐 나의 첫 책이 세상에 나오게 되었다. 출간 후 2개월이 지나자 첫 인세가 들어왔다. 내 통장에 처음으로 찍힌 인세는 약 240만 원이었다. 100만 원짜리 비싼 강연을 듣고 열받아서 오기로 만든 내 책이 240만 원을 벌어들인 것이다! 결국 100만 원짜리 강연을 듣는 바람에 나는 더 큰 수익을 얻게 되었다. 그 후 4년이 넘는 기간 동안 인세는 꾸준히 들어오고 있으며, 지금까지 받은 인세 수익을 모두 합치면 당시 강연료 100만 원 대비 20배 이상을 벌어들였다.

내 경험이 반드시 옳다는 것은 아니다. 하지만 당신에게 '비싼 지식을 기꺼이 사라'고 얘기하고 싶다. 그것이 강연이든, 세미나든, 책이든 간에 비싼 지식을 구입하면 분명히 배울 것이 있다. 만약 비싸다는 이유로 '고급 노하우' 얻기를 두려워한다면, 그 어떤 성장도 이룰 수 없을 것이다.

　한 번쯤은 부담될 정도로 비싼 지식 상품을 구매해 보자. 관련 분야의 고급 지식에 투자하면 최소한 나처럼 '강연비 이상을 뽑겠다는 오기'만으로도 좋은 결과를 가져올 수 있을 것이다. 평범한 범주에 머무르지 않으려면 비용을 치르더라도 고급 지식을 얻기 위해 노력해야 한다.

100명 중 1등이 되는 방법

지식 비즈니스로 성공하려면 가치 있는 서비스 상품을 보유해야 한다. 즉, 자신의 경험과 지식이 가치 있는 것이어야만 한다. 그러면 구체적으로 어떻게 해야 가치 있는 경험과 지식을 가질 수 있을까.

우선 자신이 가지고 있는 경험과 지식 중에 1등이 될 만한 점을 발굴해야 한다. 전국 1등이 될 필요는 없다. 그저 100분의 1, 100명 중 1등이 될 수 있는 정도의 경험과 지식이면 된다. 물론 당신은 100명 중 1등이 되는 것조차 찾기 어렵다고 생각할 수 있다. 그러나 조금만 다르게 생각해 보면 당신에게도 100명 중 1등이 될 수 있는 분야가 분명 있다. 당신만의 관심 분야는 무엇인가? 당신이 지금껏 해

온 것 중 유독 잘하는 분야가 있는가? 그것을 기반으로 100명 중 1등이 될 만한 경험과 지식을 보유할 수 있다.

만약 당신이 레스토랑에서 4~5년간 요리한 경험이 있다고 치자. 물론 이 정도의 짧은 경험으로는 경륜 많은 다른 셰프들과 경쟁하기 힘들 것이다. 즉, 같은 분야에 있는 사람들과의 경쟁에서 100명 중 1등은 어렵다. 그러나 일반인과 비교하면 어떤가? 웬만한 일반인보다 당신이 요리에 대해 훨씬 잘 알 것이다. 이것이 100명 중 1등을 하는 방법이다.

100명 중 1등이 되기 위한 방법은 당신이 소속된 분야 또는 업계에서 방향을 살짝 틀어야 한다. 셰프라면 요식업에서 살짝 방향을 틀어 유사 분야의 다른 일을 하는 것이다. 예를 들어, 요리하는 방법을 가르쳐 주는 강사가 될 수 있다. 같은 분야 전문가들 간의 경쟁에서 빠져나와 일반인의 영역에서 전문가로 활동하는 것이다. 자기 분야에 매몰되지 않고 밖으로 나와 일반인들과 경쟁할 때 당신의 경험과 지식은 단연 1등이다.

구체적으로 다음과 같은 사례가 100명 중 1등이 되는 방법이다.

- A는 영업부서에서 수년간 일했지만 업계 1위가 되지 못했다. 그러나 업무 밖에서 일반인을 대상으로 영업 노하우를 가르치는 전문 강사로 활동하면서 현재는 억대 연봉을 받는 유명 강사로 거듭났다.

- B는 중동에 5년간 거주한 경험이 있다. 그의 아랍어는 뛰어나지 않지만 현지인들과 기본적인 대화를 할 수 있는 수준이다. B는 중동 생활을 마무리하고 우리나라에 들어와 아랍어 통역사가 되고 싶었다. 그러나 통역사들과의 경쟁은 너무 치열했다. 그는 방향을 틀어 초보자 대상의 아랍어 강사가 되었다. 이제는 많은 곳에서 러브콜을 받아 월 1,000만 원 이상을 벌어들이는 사업가가 되었다.

- C는 아나운서를 꿈꿨으나 이루지 못했다. 아나운서가 되기 위해 수년간 스피치 능력을 키웠지만, 안타깝게도 아나운서 지망생들과의 경쟁에서 지고 말았다. 그 후 그는 자신의 경험을 살려 스피치 보이스 컨설팅 사업을 시작했고, 창업 9개월 만에 월 매출 1,500만 원을 달성했다. 그가 계속 아나운서 지망생으로 남았다면 결코 지금의 성공은 없었을 것이다.

100명 중 1등이 될 만한 능력 2가지 이상을 확보하면 자기 몸값을 극대화할 수 있다. 특정 분야에서 희소성 높은 존재가 되는 것이다. 예를 들어, 스피치를 잘하면서 아랍어를 잘하는 사람이라면 100명 중 1등 하는 분야가 2가지이므로 확률적으로 1만 명 중 1등의 희소가치를 가질 수 있다.

(100명 중 1등) X (100명 중 1등) = 10,000명 중 1등

스피치 능력과 아랍어 능력, 거기다 영업 능력을 추가한다면, 3가지 분야에서 100명 중 1등이 된다. 3가지 분야가 합종연횡을 이루면 확률적으로 100만분의 1의 희소성 있는 존재가 될 수 있다.

(100명 중 1등) X (100명 중 1등) X (100명 중 1등) = 1,000,000명 중 1등

나 역시 몸값을 높이기 위한 방법으로 100명 중 1등 되는 역량을 3개 만드는 데 집중했다. 나의 목적은 월급 외 수익을 극대화해서 자립하는 것이었고, 그것을 달성하기 위해 내가 집중했던 것은 3가지였다. 디지털 마케팅, 블로그 노하우, 글쓰기 능력! 지난 5년간 이 3가지 능력을 키우기 위해 국내외 서적을 읽고 트렌드에 많은 관심을 기울이며 그것들을 내 것으로 만들기 위해 많은 노력을 기울였다. 덕분에 독립적 경제 활동을 하는 인디펜던트 워커로서 희소성 있는 역량을 갖추게 되었다.

100명 중 1등이 되는 방법을 정리하자면, 먼저 달성하고 싶은 하

나의 목표를 정한다. 그다음, 목표를 달성하기 위해 자신이 쌓은 지식과 경험을 2가지 이상 합종연횡으로 엮는다. 그러면 평범한 수준에서 갖지 못하는 희소가치를 가질 수 있으며 당신만의 전문 영역을 발굴해 낼 수 있을 것이다.

지식 비즈니스로 성공하고 싶은가? 자신의 희소가치를 높여야 한다. 100명 중 1등이 될 수 있는 나만의 역량을 찾아보자.

당신의 출구 전략은 무엇인가?

월급에만 의존하고 있는 사람에게 출구 전략이 있는가? 회사에 문제가 생긴다면, 혹은 피치 못할 사정으로 회사를 나와야 한다면, 그때 어떻게 할 것인가? 대안을 가지고 있는가? 이러한 질문에 바로 답변이 나오지 않는다면, 어쩌면 당신은 경제적으로 위태로운 상태다.

구조 조정이나 상사와의 마찰, 업무가 적성에 맞지 않거나 집안 사정이 생기는 등, 어쩔 수 없이 회사를 나오게 되는 경우는 많다. 이런 일이 있을 때 우리는 정년을 채우지 못하고 회사를 나오게 된다. 같은 직장인이라 해도 출구 전략을 가지고 있는 사람과 그렇지 않은 사람은 위기 상황에 대한 대응력이 다르다. 퇴사 이후를 현명하게 대비하려면 직장에 다니고 있을 때 출구 전략을 짜야만 한다.

이와 관련해 김학선의 『진정한 프로는 변화가 즐겁다』에서는 변화에 대해 국내 기업 명화금속의 예를 들어 설명하는 흥미로운 이야기가 나온다.

20세기 초 소니의 디지털 카메라가 필름 카메라의 자리를 대체할 때까지 코닥은 그들의 상품이 대체되거나 소멸할 거라고는 예측하지 못했다. 반면에 나사를 제조하는 명화금속은 변화에 대응하는 전략으로 지난 50년간 지속 성장을 기록하고 있다. 성공 비결은 변화에 발 빠르게 적응하는 데 있었다. 명화금속은 건축용 나사로 시작했으나 친환경을 중시하는 변화를 읽고 자전거용 나사를 만들어 성공했다. 그 후 컴퓨터 보급이 확대되는 것을 감지하고 컴퓨터용 나사를 만들었으며, 삶의 수준이 올라가 여행이 증가함에 따라 지금은 항공기 나사를 만들고 있다.

기업도 개인도 변화에 발맞춘 출구 전략을 가지고 있어야 지속 가능성을 높일 수 있다. 변화에 적응한다는 것은 플랜 A가 잘못되면 언제든 플랜 B로 옮길 수 있는 출구 전략을 의미한다.

Part 3부터는 내가 직접 체득한 지식 비즈니스의 실전 노하우를 알려 줄 것이다. 각 단계를 밟아 나가다 보면 당신만의 지식 상품 아이템을 발굴할 수 있으며, 그것을 판매하는 수익 창출 방법을 터득하게 될 것이다.

이른바 '인디펜던트 워커의 4단계 프로세스'는 지식 비즈니스를 시작하기 위한 아이템 발굴부터 블로그와 유튜브 도구를 활용하는 방법, PDF 전자책을 활용해 돈 버는 방법, 책 쓰기 및 강연(코칭·상담·컨설팅)으로 제2의 월급 통장을 만드는 노하우를 제시하고 있다. 만약 당신이 이 책에 소개된 단계별 프로세스를 이해하고 실천한다면 인디펜던트 워커로서 경제적 독립력을 갖춘 인재가 될 수 있을 것이다.

PART 3

인디펜던트 워커로 가는
4단계 프로세스

1단계 : 아이템 선정하기

인디펜던트 워커의 최종 목적은 조직에 의존하지 않고도 생존할 수 있는 경제적 독립 능력을 갖추는 것이다. 즉, 자신이 가진 것만으로 수익을 창출해 낼 수 있는 능력을 말한다. 수익을 창출하려면 어떻게 해야 하는가? 무언가를 팔아야 한다. 무엇을 파는가? 앞서 얘기했듯 우리는 지식을 팔아야 한다. 이제 당신이 해야 할 일은 무엇인가? 팔 수 있는 상품, 즉 아이템을 발굴하는 것이다.

이미지 컨설팅, 논문 컨설팅, 음악 치료, 비즈니스 코칭 등 이미 시장이 형성된 지식 비즈니스가 있다. 만약 당신이 이러한 지식 비즈니스를 할 수 있을 정도의 노하우나 경험이 있다면 지금 책을 덮고 바로 시작하면 된다. 그러나 만약 그렇지 않다면, 지금부터 지식 상품을 새롭게 발굴해야 한다.

지식 판매 시장에도 레드오션이 있다. 이미 시장에는 다양한 분야에 지식 사업가들이 있으며 이미 형성된 지식 판매 시장이 있다. 거기에는 치열한 경쟁과 진입 장벽이 존재함을 알 수 있다. 이제 막 시작하는 당신이 포화된 시장에서 그들과 경쟁한다는 것은 성공 확률이 높지 않은 싸움이다. 이미 형성된 시장에서 경쟁하는 것보다는 자신의 전문 영역을 발굴하는 쪽이 성공 가능성이 크다.

당신은 어떤 분야에 관심이 있는가? 질문을 달리 하겠다. 당신은 앞으로 어떤 문제를 해결해 주는 사람이 되고 싶은가? 세상에는 사람들이 고민하고 풀지 못하는 많은 문제가 존재한다. 사람들이 해결하지 못한 그 문제들 중 한 가지 영역을 골라 당신의 전문 분야로 발굴할 수 있다.

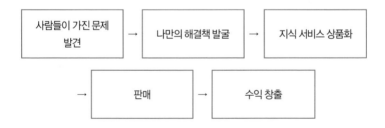

지식 비즈니스는 생각보다 어렵지 않다. 사람들이 가진 문제 중 당신이 해결할 수 있거나 해결했던 내용을 정리해서 상품화하면 된다. 만약 당신이 다루고 싶은 분야가 이미 많은 전문가로 경쟁이 치열한 영역이라면 어떻게 해야 할까. 해당 주제를 세분화해서 접근해야 한다. 예를 들어, '학원 운영 노하우'를 주제로 한다면 아래와 같이 3단계로 세분화할 수 있다.

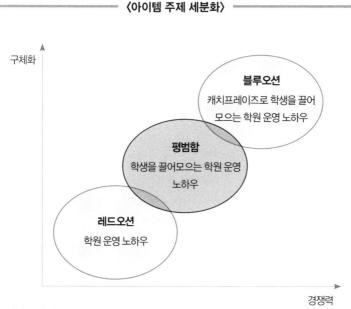

〈아이템 주제 세분화〉

- 1단계 : 학원 운영 노하우 (레드오션)
- 2단계 : 학생을 끌어모으는 학원 운영 노하우 (평범한 경쟁력)
- 3단계 : 캐치프레이즈로 학생을 끌어모으는 학원 운영 노하우 (블루오션 발굴)

　　1단계는 단순하게 '학원 운영 노하우'로 접근하여 경쟁이 치열한 영역에 있다. 2단계는 '학생을 끌어모을 수 있는 방법'에 집중하여 조금 더 세분화했다. 3단계는 '캐치프레이즈(사람들의 주의를 끌기 위한 광고 문구)를 활용해 학생을 끌어모으는 방법'으로 더 구체화시켜 치열한 경쟁 속에 블루오션을 발굴해 낸 케이스다. 이미 경쟁이 치열한 영역이라도 이처럼 특정 도구나 콘셉트를 추가해 구체화하면 블루오션 영역으로 만들 수 있다.

열정을 쏟아부을 수 있는 일은 무엇인가?

노년이 된 당신은 어떤 모습일까? 뜬금없는 얘기 같지만, 한번 상상해 보자. 노년의 당신은 행복한 삶을 살 수도 있고 혹은 불행하거나 무료한 삶을 살 수도 있다. 분명한 것은 어떻게 사는가는 당신의 선책이라는 사실이다. 누구나 내면에서 우러나오는 소리가 있다. 그 내면의 소리는 당신이 진정으로 되고 싶거나, 하고 싶어 하는 것들의 울림이다. 때로 우리 마음속에서는 이런 소리가 울린다.

온종일 책을 읽고 싶다.
그림을 그리고 싶다.
작곡을 하고 싶다.
일 년 내내 여행하고 싶다.
누군가의 멘토가 되고 싶다.
노래하다가 죽고 싶다.

남들이 가는 길을 따라 살다 보면 나이가 들수록 후회가 쌓인다. 하지 못한 것에 대한 아쉬움이 남는 것이다. 남이 정한 길을 따라 걷는 삶은 안정적이지만, 인생 전체를 돌아보면 지루하고 후회가 남는다. 후회 없는 삶을 살고 싶다면 자신이 하고 싶은 일을 해야 한다. 그래야 인생에 후회가 없다. 나이가 들수록 가족 부양에 대한 책임감과 부담감은 커진다. 나이가 들수록 자신이 진짜로 하고 싶은 일을 하지 못하게 된다. 내면의 소리를 따르자니 당장 생존에 대한 두려움으로 섣불리 도전하지 못하는 것이다.

다행스럽게도 이 책이 다루고 있는 지식 비즈니스는 내면의 니즈와 맞닿아 있다. 지식 비즈니스는 돈을 받고 일하는 서비스 사업이지만, 하면 할수록 즐거움과 행복을 느낄 수 있다. 자신의 성장이 곧 타인의 성장이 되는 일이기 때문이다.

다른 일을 시작하기엔 시간이 부족하다라고 생각하는가? 단언컨대, 시간이 없다는 것은 핑계다. 도서관이나 서점에 가 보라. 마음만 먹으면 얼마든지 책을 통해 간접 경험을 쌓을 수 있다. 의지만 있다면 출근 전이나 퇴근 후 또는 주말 시간 활용이 가능하다. 나는 새벽 4시에 일어나서 블로그 포스팅을 해 왔고, 아이들이 잠든 자정부터 책 원고 쓰기에 전념했다. 그러므로 환경을 탓하지 말라. 문제는 환경이 아니라 하고자 하는 열정과 끈기다.

인생을 후회 없이 행복하게 살고 싶은가? 그렇다면 남이 정해 놓은 기준에 의존하는 삶을 버리자. 지식 비즈니스는 자신이 하고 싶은 일을 하며 경제적 이익도 얻을 수 있는 좋은 도구다. 진정으로 원하는 삶이 있다면 지식 비즈니스로 이루어 보는 건 어떨까.

한 분야의 지식 전문가가 되는 길

한의학 박사인 유홍석 박사가 척추 치료의 원리를 정리한 『기적의 골타 요법』이라는 책이 있다. 이 책은 척추 질환으로 고생하는 사람들을 위해 수술이나 약물이 아닌 '척추 타격'이라는 독특한 방법을 제시한다.

세상에는 척추 치료에 관한 전문가가 많고 그 치료법도 다양하다. 그런데 유홍석 박사는 자신이 추구하는 오직 한 가지 해결책 '골타 요법'을 제시함으로써 그 분야에 정통한 자신만의 전문영역을 세상에 널리 알렸다.

야마구치 마유의 『7번 읽기 공부법』은 공부법에 있어서 선풍적인 인기를 끈 스테디셀러다. 경쟁이 치열한 자기계발 분야에서 그의 책이 인기를 얻을 수 있었던 이유는 오직 한 가지 해결책 '7번 읽기'라는 방법에만 집중했기 때문이다.

지식 비즈니스에서 전문가로 자리매김하려면 자기만의 방법으로 한 가지 해결책을 제시해야 한다. 이것이 지식 비즈니스 사업에서 성공하는 비결이다. 치열한 경쟁과 브랜드 싸움에서 이기기 위해서는 자기만의 독특한 해결책이 한 가지 전면에 있어야 한다. 만약 다양한 선택지가 있더라도 오직 한 가지 해결책을 내세우는 것이 좋다. 한 가지 문제에 대한 단 하나의 해결책. 이것에 집중한다면 그 분야의 지식 전문가로서 자리매김할 수 있다.

스스로 질문해 보라. 당신이 다루고자 하는 문제는 무엇인가? 그 문제를 해결하기 위한 단 하나의 솔루션은 무엇인가?

지식 차이를 발견하는 방법

당신이 가진 지식 중 어느 한 영역에서 남들보다 앞서 있는 부분이 있다면 지식 차이(Knowledge Gap)가 발생한 것이다. 일본의 지식 사업가 요시에 마사루는 그의 책 『제로 창업』에서 '지식 차이'라는 개념을 얘기했다.

우리는 모두 다양한 영역에서 지식 차이를 경험하고 있다. 어떤 사람은 엑셀 사용법을 잘 모르지만 악기에 대해서는 남들보다 뛰어난 지식을 갖고 있을 수 있다. 또 어떤 사람은 요리를 잘 못하지만 전자 기기에 대한 지식이 풍부할 수 있다. 이렇듯 누구나 한 부분에서는 부족하더라도, 다른 부분에서는 더 많은 지식이 있을 수 있다. 다른 사람들에 비해 한 발 더 앞선다고 생각되는 분야가 있다면 거기에 '지식 차이'가 있으며, 그것을 발판으로 지식 비즈니스를 시작할 수 있다.

1. 내 지식도 지식 차이라고 할 수 있을까?

의사, 변호사, 기술사와 같이 특정 영역에 공인된 전문 지식을 갖고 있다면 더없이 좋겠지만, 지식 비즈니스를 하는 데 있어서 전문 지식은 조금 부족해도 괜찮다. 그러므로 '나는 공인된 전문가가 아닌데…'라는 생각은 내려놓자. 학력이나 자격증을 보유한 전문가가 아니어도 좋다. 당신의 지식이 다른 사람들에 비해 한 발 앞서는 정도라면 충분하기 때문이다.

당신이 가진 노하우는 비록 공인된 전문가 수준이 아니라도 일반 초심자들에게는 실질적이고 생생한 지식 노하우가 될 수 있다. 또 한편으로는 '전문 자격을 가진 사람일수록 상업적이다'라는 편견이 있지 않은가? 전문가라고 불리는 사람들은 상업적이라는 선입견이 있으므로 의뢰하기 꺼려진다는 단점이 있을 수 있다. 이러한 점에 착안하면 초심자들보다 한 발 나은 정도의 지식 차이만으로도 분명 상품 가치가 있다.

2. 지식 차이를 발견할 수 있는 3가지 질문

아직도 당신이 가지고 있는 지식 차이를 찾지 못했다면, 다음의 3가지 질문으로 답을 찾아보도록 하자.

① 과거에 겪었던 어려움 중 가장 기억에 남는 것은 무엇인가?

만약 당신이 과거에 어떤 문제 혹은 어려움을 경험했다면 그 일을 극복하는 과정에서 반드시 지식 차이가 발생한다.

– 외모 문제로 고민한 A의 사례

탈모증으로 사회생활조차 힘들었던 A. 하지만 자신이 개발한 자가 치유법으로 탈모 증세에서 벗어났다. A는 SNS를 통해 자신이 터득한 자가 치유법을 사람들과 공유했고, 강연과 세미나를 통해 'OO을 활용한 탈모 치유법'이라는 지식 상품을 판매할 수 있었다. A가 운영하는 커뮤니티에 많은 사람이 찾아와 탈모 치유 방법을 문의했고, 그는 자신의 지식 차이를 기반으로 마침내 경제적 자유를 획득할 수 있었다.

– 이혼 문제로 고민한 B의 사례

배우자와 이혼 문제로 어려움을 겪었던 B. 그녀는 자신이 겪었던 일들과 그것들을 해결한 자신만의 방법들을 블로그에 올렸다. 이후 자신과 동일한 문제로 고민하는 여성들로부터 여러 차례 문의가 들어왔고, B의 노하우가 다른 이들에게 큰 도움이 된다는 것을 깨닫게 되었다. 현재 B는 이혼 전문 컨설틴트로 활동하며 월 1,000만 원 이상의 고소득을 올리는 지식 사업가의 길을 걷고 있다.

② 사람들은 당신을 어떤 사람으로 생각하는가?

평소 사람들은 당신에 대해 어떻게 얘기하는가? 주변 사람들에게 자주 듣는 이야기가 있는가? 그렇다면 그곳에 당신만의 지식 차이가 있을 수 있다.

예를 들어, 자주 웃거나 긍정적 마인드를 가진 사람들은 긍정적 마인드가 지식 차이일 수 있다. 세상에는 부정적으로 생각하는 버릇을 고치고 싶어 하는 사람들이 많다. 긍정적인 마인드가 지식 차이라는 점에 착안하면 긍정적 마인드를 갖고 싶어 하는 사람들을 대상으로 지식 비즈니스를 펼칠 수 있을 것이다. '잠재의식을 긍정으로 바꾸는 법', '취업 면접에서 성공하는 긍정 이미지 컨설팅' 혹은 '아들을 긍정적으로 키우는 육아 노하우' 등 상황이나 목적에 따라 다양한 소재가 나올 수 있다.

③ 앞으로 당신은 어떤 사람이 되고 싶은가?

당신이 생각하는 자신의 이상적인 모습을 떠올려 보자. 당신이 그리는 미래의 그 모습 또는 라이프 스타일이 하나의 지식 차이일 수 있다. 당신은 앞으로 어떤 사람이 되고 싶은가? 무엇을 이루고 싶은가? 사람들에게 어떤 메시지를 전달하고 싶은가?

사람들은 누구나 이루고자 하는 목표나 지향점이 있다. 그것은 취미적인 목표일 수 있고, 직업적 목표나 이루고 싶은 꿈일 수도 있다. 당신이 되고 싶은 것이라면 무엇이든 관계없다. 미니멀 라이프를 꿈꾸거나 혼자 잘 사는 법 또는 내적 평정심을 유지하는 방법과 같은 것들도 지식 차이가 될 수 있다. 당신이 꿈꾸는 라이프 스타일은 그러한 삶을 꿈꾸는 다른 사람들에게 도움이 되기 때문이다. 자신이 목표로 하는 삶을 실천하며 살아가는 것만으로도 훌륭한 지식 차이가 될 수 있다.

수익으로 연결되는 4가지 유형

지금은 정보와 지식이 넘쳐나는 시대다. 매일 수많은 지식 정보들이 쏟아지고 있다. 그중에는 경제적 이익과 맞바꿀 만큼 가치 있는 정보가 있는 반면, 돈 주고도 구입하고 싶지 않은 정보도 있다. 우리에게 전달되는 정보들의 상당수는 스팸으로 전락하기도 한다.

지식 비즈니스를 성공적으로 운영하려면 가치 있는 정보를 제공해야 한다. 인터넷 검색으로 쉽게 얻을 수 있거나 무료로 얻어도 무방한 정보를 팔겠다고 나서는 것은 어리석은 짓이다. 즉, 금전적 교환 가치가 있는 지식 서비스를 제공해야만 한다. 돈을 내야만 얻을 수 있는 가치 있는 지식이어야 수익이 창출된다. 엑셀이나 파워포인트를 배우는 정도의 가치 수준으로는 지식 비즈니스를 할 수 없다.

다시 말해, 유료화 가능한 지식 상품을 다뤄야 한다. 그래야 궁극적으로 돈을 벌 수 있다. 어떻게 해야 할까? 가장 중요한 것은 아이템 기획 단계의 주제 선정이다. 아이템 선정은 지식 비즈니스의 성패를 가를 만큼 매우 중요하다.

금전적 교환 가치를 갖는 4개의 지식 상품 유형이 있는데, 여기에 하나씩 자세히 소개하도록 하겠다.

① 돈 버는 유형

돈은 삶을 유지하는 핵심 요소다. 그러므로 돈 버는 방법을 알려주는 것은 의식주와 같이 필수적인 '지식 상품'으로 볼 수 있다. 장사할 때는 '먹는 장사'를 해야 한다는 말이 있듯, 지식을 팔 때는 '돈 버는 방법'이 최고다.

이 책을 읽고 있는 당신을 비롯한 모든 사람은 '돈 버는 방법'에 많은 관심을 두고 있다. 서점과 도서관에는 돈 버는 방법에 관한 수천 권의 책들이 있다. 부동산, 주식 투자와 같은 재테크 노하우뿐 아니라 최근에는 제휴 마케팅이나 SNS를 통한 돈벌이, IT를 활용한 돈 버는 방법들이 나온다.

근래에는 부자 되는 습관, 운 바꾸기, 마음 관리, 말버릇 등 파생된 방식의 돈 버는 방법이 떠오르고 있다. 습관, 운, 마음, 말버릇과 같은 장르는 과거 돈을 버는 것과는 관련이 없다고 여겨졌으나 요즘은 돈 버는 방법과 연관시켜 큰 호응과 관심을 받고 있다.

즉, 전혀 무관해 보이는 것이라도 돈 버는 방법과 연결할 수 있다면 성공 가능성은 크다. 만약 당신의 관심 분야가 돈과 전혀 관련이 없는 것처럼 느껴지더라도 돈 버는 방법과 접붙임 시키면 금전적 가치를 가진 지식 상품으로 전환할 수 있다. 그러면 어떻게 해야 기존 지식을 돈 버는 방법과 연결할 수 있을까?

예를 들어, '꽃꽂이'에 관한 지식을 갖고 있다면 '꽃꽂이 + 돈 버는 방법'으로 접목한다. 단순히 '꽃꽂이'라는 지식만으로는 수익화가 불가능하다. 그러나 돈 버는 방법에 접붙임을 하면 다음과 같이 수익화 가능한 지식 상품으로 만들 수 있다.

- 평범한 주부가 집에서 꽃꽂이로 돈 버는 노하우
- 월 1,000만 원 버는 꽃꽂이 창업 노하우

이처럼 '순수 지식 + 돈 버는 법'으로 접목하면 수익화 가능한 지식 상품을 만들 수 있다. 이러한 사례들은 서점에서도 찾아볼 수 있다. 예를 들면 다음과 같다.

- 글 쓰는 법 + 돈 버는 법 = 『글쓰기로 부업하라』(전주양, 마음세상)
- 이모티콘 만드는 법 + 돈 버는 법 = 『읽으면 진짜 이모티콘으로 돈 버는 책』(임선경, 위즈덤하우스)
- 공부하는 법 + 돈 버는 법 = 『공부를 돈으로 바꾸는 기술』(후지이 고이치·모리 히데키, 북라인)

이렇게 경제적 가치가 전혀 없을 것처럼 여겼던 주제라도 돈 버는 방법을 접붙임으로써 경제적 가치를 가진 지식 상품으로 만들 수 있다.

② 프라이버시 유형

돈 문제 다음으로 민감한 부분은 개인의 프라이버시, 신상에 관련된 문제다. 건강이든 집안일이든 신상 문제는 개인에게 타격이 클 수밖에 없다. 그래서 프라이버시 관련 문제가 생기면 이를 해결하기 위해 경제적 부담까지도 고려하게 된다. 그런 만큼 프라이버시 문제는 상당한 금전적 가치를 가지는 영역이다.

개인 신상에 관한 문제는 특성상 굉장히 예민하고 비밀스럽다. 그 때문에 프라이버시에 관한 해결책을 가지고 있다면 지식 비즈니스로 수익 극대화를 꾀할 수 있다.

프라이버시에 관한 서비스 유형은 다음과 같은 것들이 있다.

- 직장 및 인간관계
- 부부 갈등(이혼, 불륜)
- 연애, 결혼
- 진로, 취업, 승진
- 외모, 성격

알다시피 무속인들은 프라이버시 분야에서 독보적 포지션을 차지하고 있다. 그야말로 전통적인 지식 비즈니스 분야의 대가들이다. 이들은 위에 열거한 문제들에 나름의 해결책을 제시한다. 특히 영험하다고 여겨지는(내 기준으로 말하자면, 마케팅 능력이 좋은) 무속인의 경우 부적 한 장 값으로 수백만 원 이상의 수익을 벌어들인다. 그들은 프라이버시 유형의 지식 사업가로서 상당히 높은 수익을 얻고 있다.

당신도 틈새를 공략하면 이와 유사한 방식의 포지션을 취할 수 있다. 예를 들어, 프라이버시에 관한 문제를 무속인에게 의뢰하기는 꺼림칙하다고 생각하는 고객이 있을 수 있다. 그들에게 잠재의식이나 최면과 같은 심리 분야의 전문가로서 포지셔닝한다면 무속인 못지 않은 수익을 기대할 수 있을 것이다.

③ 자기계발 유형

자기계발 노하우는 말 그대로 자기계발 및 동기 부여 관련 내용을 주로 한다. 베스트셀러 『미라클 모닝』, 『아침형 인간』, 『성공하는 사람들의 7가지 습관』, 『무지개 원리』, 『시크릿』, 『네 안의 거인을 깨워라』 등의 부류는 '자기계발'에 해당하는 유형이다.

자기계발은 대부분 레드오션인 경우가 많다. 이 영역에는 전문가들이 많고 주제가 상당히 보편적이기 때문에 비집고 들어갈 틈새를 찾기 어렵다. 자기계발 분야에서 성공하려면 자신만의 방식으로 차별화해야 한다. 한 가지 분야에 초점을 맞춰 세밀하게 좁혀야 성공할 수 있다. 예를 들어 『아침형 인간』이 성공한 원인은 '아침 일찍 일어나는 것'에 관한 주제 하나에 집중했기 때문이다. 『7번 읽기 공부법』은 '7번 읽는 것' 하나에만 초점을 맞춰 성공했다. 『시크릿』은 '상상하면 이루어진다'는 콘셉트 하나로 세계적 베스트셀러가 됐다.

자기계발 영역에서 지식 비즈니스를 하고 싶은가? 해당 분야 내에서 주제를 좁혀 자신만의 한 가지 콘셉트(해결책)에 집중하도록 하자.

④ 기업경영 유형

짐 콜린스의 『좋은 기업을 넘어, 위대한 기업으로』, 이나모리 가즈오의 『카르마 경영』, 괴츠 W. 베르너의 『철학이 있는 기업』, 간다 마사노리의 『기업 최강의 전략』은 기업 경영에 관한 대표적인 작품이다.

기업경영 유형은 말 그대로 기업경영 개선을 위한 노하우다. 일반적으로 학계 및 재계에서 많은 경험을 쌓으면 이 영역에서 전문가로 발돋움할 수 있다. 이 유형의 지식 사업가들은 기업 내 교육 담당자로부터 세미나 또는 강연에 초대받는다. 대부분 기업들은 매년 직원 교육을 위해 일정 예산을 투입하므로 수요가 꾸준하며, 비교적 높은 수익을 얻을 수 있다. 그러므로 기업경영 노하우로 전문가 포지션을 확보하면 지속적이고 높은 수익을 기대할 수 있다.

그러나 기업경영 영역에서 전문가가 되려면 높은 기대 수준을 충족해야 한다. 만약 재계 혹은 학계에서 경력을 수년 이상 쌓았다면 기업 대상의 지식 비즈니스가 가능하다.

과거의 고민을 상품으로 만드는 비결

지식 상품 아이템을 찾는데 최신 트렌드나 유행을 따를 필요는 없다. 과거에 고민한 자신의 경험을 토대로 아이템을 발굴하면 된다. 당신이 과거 겪었던 문제나 고민했던 것들은 훌륭한 지식 상품이 될 수 있다. 과거에 겪었던 고민이나 문제를 어떻게 해결했는지 되짚어 보면 힌트를 찾을 수 있다. 다음의 질문에 답해 보자.

- 과거에 치열하게 고민했던 것은 무엇인가?

- 해결하기 위해 많은 노력을 들였던 것은 무엇인가?

- 문제 해결을 위해 금전적 비용을 치렀던 경험은 무엇인가?

- 그 해결책을 타인에게도 적용(판매)할 수 있는가?

사람들의 고민과 걱정이 대체로 비슷하다는 점에 착안하면, 당신이 겪은 고민을 지금 누군가 똑같이 겪고 있을 수 있다. 그러므로 그 문제에 관한 해결책을 알고 있는 당신이 할 일은 무엇인가. 똑같은 고민을 가진 사람들을 찾아서 지식 서비스를 제공하는 것이다.

자신에게 어떤 고민이 있었는지 구체적으로 되짚어 보자.

- 회사 일을 하면서 가장 고민했던 것은?

  ....

- 가정(가족) 내에서 가장 고민했던 것은?

  ....

- 연애/결혼하면서 가장 고민했던 것은?

  ....

- 건강에 관하여 가장 고민했던 것은?

  ....

- 심리적으로 또는 내면적으로 고민했던 것이 있다면?

  ....

- 경제적으로 가장 고민했던 것은?

  ....

- 취미를 살리기 위해 고민했던 것이 있다면?

  ....

- 외모에 대해 고민했던 것은?

  ....

- 그 외에 당신이 많이 했던 고민은?

  ....

이제 위의 9가지 문제 중에서 우선순위를 가릴 차례다.

- 해결을 위해 비용을 치른 경험이 있는가? 있다면 어떤 것인가?
  (책, 강연, 상담, 컨설팅, 장비 구입 등. 복수 답변 가능)

- 비용을 치른 결과, 그 고민은 해결되었는가? (예 / 아니오)

- 해결되었다면, 그 해결책은 구체적으로 무엇인가?

- 거기에 당신만의 노하우가 있는가?

- 그 노하우를 한 줄로 정리하면 무엇인가?

세상에는 생각의 변화만으로 해결되는 고민이 있는가 하면, 돈과 시간, 노력을 투입해야 해결할 수 있는 문제도 있다. 만약 당신이 돈과 시간, 노력을 많이 투입해서 해결했던 문제가 있다면, 그 문제가 당신의 주력 상품이 될 가능성이 높다. 당신이 돈과 시간, 노력을 들였다면 타인도 똑같이 에너지를 쏟아야만 그 해결책을 얻을 수 있다는 점에 착안하자.

이제 앞의 답변에서 기여도에 따라 우선순위를 결정하자.

구분	겪었던 고민은 무엇인가?	문제는 해결 되었나?	해결책은 무엇인가?	당신만의 노하우는 무엇인가?	투입 비용 (돈/시간/ 노력)	우선순위 결정 (1위~3위)
회사 업무						
가정 생활						
연애 결혼						
건강						
심리 영성						
경제 재테크						
취미 생활						
외모						
기타						

1) 아이템 확정 전 다음 3가지 질문에 답해 보자.

- 비용이 가장 많이 투입된 고민은 무엇인가?

....

- 가장 많은 시간과 노력을 들인 고민은 무엇인가?

....

- 가장 효과적인 해결책을 갖는 아이템이 있는가?

....

이제 최종 우선순위를 결정하도록 한다. 단, 문제에 대한 명확한 해결책을 보유하고 있는 것이어야 한다. 당신이 가장 많은 에너지를 쏟은 고민일수록 금전적 가치가 있는 아이템이다. 이제 가장 순위가 높은 상위 3개의 아이템을 적어 보자.

① 우선순위 TOP 3 아이템 리스트

- 1순위 : ....
- 2순위 : ....
- 3순위 : ....

이제 마지막 단계다. 다음 최종 질문에 답해 보자.

② 아이템 최종 확정 질문

- 우선순위 Top 3 중 당신이 다루고 싶은 주제는 무엇인가?

  ....

- 그 문제를 해결하기 위한 당신만의 방법은 무엇인가?

  (되도록 한 가지 해결 방법만 적도록 하자. ex. 7번 읽기 공부법)

  ....

- 당신의 해결 방법은 어떤 효과가 있는가?

  ....

- 당신의 해결 방법은 돈 주고 살 만큼 교환 가치가 있는가?

  (스스로 답하기 어렵다면, 친구들에게 물어보자.)

  ....

- 당신이 선정한 아이템으로 지식 비즈니스를 한다고 가정할 때
  당신은 행복할 것인가?

  ....

이 질문법이 완벽하지는 않을 수 있다. 하지만 당신이 스스로 오랜
시간 고민했고, 돈과 시간을 들여 직접 얻은 해결책이라면 다른 누
군가에게도 반드시 유용할 것이다.

'내가 이것으로 돈을 벌 수 있을까?'라는 생각은 접어 두자. 세상에 완벽한 시작이란 없다. 지금 당신이 갖고 있는 수준의 해결 방안을 얻으려면, 다른 사람들도 최소한 당신이 쓴 만큼의 돈과 시간을 들여야 한다는 것을 기억하자.

기획 단계에서 지식 아이템 선정은 사업의 성패를 가를 만큼 중요하다. 비록 완벽하지 않더라도 성공할 수 있는 자신만의 아이템 찾는 노력을 기울이자. 이렇게 첫걸음을 떼고 나면 초기 단계의 아이템을 계속 발전시켜서 수익화 가능한 단계까지 갈 수 있을 것이다.

보이지 않는 지식을 어떻게 팔 것인가?

이번에는 머릿속 지식을 눈에 보이는 서비스 상품으로 만드는 방법을 배워 보자. 이 과정은 원유를 채취하는 것에 비유할 수 있다. 땅속의 원유는 채취해서 바로 팔 수 없다. 아무리 좋은 원료라도 판매하려면 정제 과정이 필요하다. 정제 과정을 거쳐야 비로소 상품으로서 가치를 가진다.

지식 상품도 마찬가지다. 정제 과정을 거쳐야 상품 가치를 갖게 된다. 특히 '지식은 눈에 보이지 않는다'는 단점이 있다.

지식 상품은 물질이 아니기에 보이지 않는다. 보이지 않는다는 것은 고객 관점에서 모르는 것과 같다. 만약 당신이 레몬을 팔아야 한다면 어떻겠는가? 레몬은 유형의 상품이기에 상품에 대해 굳이 설명하지 않아도 그 모양과 향, 맛을 대충 가늠할 수 있다. 레몬은 '눈에 보이는 상품'이기 때문이다.

반면 지식 서비스는 어떤가? 보이지 않는 무형의 상품이다. 눈에 보이지 않다는 것은 그 필요성에 관해 설명하기 전까지 어떤 상품인지 알 수 없다는 얘기다. 고객의 입장에서 상품의 필요성을 모른다면 당연히 판매로 이어질 수 없다. '보이지 않는 서비스'를 판매하기란 여간 어려운 일이 아니다. 어떻게 해야 보이지 않는 지식 서비스를 성공적으로 판매할 수 있을까?

지식 상품의 기획 단계에서 다음의 방법으로 해보자.

1. 이미지화

이미지화란 잠재 고객의 머릿속에 그림이 그려지듯 명확하게 이해되는 것을 의미한다.

"이 강연을 듣고 나면 3개월 안에 매출이 ○○○하게 됩니다."

"이 책을 읽고 나면 자신의 ○○○된 모습에 놀라게 될 것입니다."

"이 컨설팅을 받은 후 6개월 안에 ○○○를 완벽히 ○○하게 됩니다."

고객의 구매 행동을 이끌어 내기 위해서는 서비스를 사용했을 때 얻을 수 있는 혜택이나 이익을 머릿속에 떠오르게 해야 한다. 만약 고객으로부터 "그걸 했을 때 무엇을 얻을 수 있는지 모르겠다" 혹은 "왜 필요한지 잘 모르겠다"라고 한다면, 이미지화에 실패한 것이다. 고객으로 하여금 지식 서비스를 구매한 후 개선된 자신의 모습을 상상하도록 만들어야 한다.

이미지화의 목표는 고객으로부터 "내가 찾던 게 바로 이거야!"라는 반응을 얻는 것이다. 고객으로부터 "이거구나!"라는 피드백이 올 때가 바로 상품의 이미지화가 정확히 이뤄지는 순간이다.

2. 메뉴화

지식 서비스는 보이지 않는 상품이다. 그 때문에 고객이 구매하도록 이끌려면 서비스가 어떤 내용을 담고 있는지 볼 수 있는 메뉴가 필요하다. 레스토랑에서 메뉴판을 제공하는 목적은 고객이 음식 정보를 이해함으로써 궁극적으로 구매 결정을 하는 데 있다. 즉, 메뉴가 없으면 구매를 결정할 수 없다. 지식 서비스도 메뉴 구조를 갖고 있어야 고객의 망설임을 해소하고 구매까지 이르게 할 수 있다.

지식 서비스의 메뉴화를 위해서는 아래의 6가지 기본적인 내용이 포함되어야 한다.

- 본인 소개
- 서비스 배경 & 사연
- 서비스 상세 설명
- 서비스 적용 대상
- 커리큘럼
- 후기 및 리뷰

다음에서는 위의 6가지 기본 내용을 예를 들어 설명하겠다.

① 본인소개
- ○○○ 업무 10년 경력
- ○○년차 프로 ○○○ 활동
- ○○○ 부문 후기수 전체 1위
- ○○○ 부문 월 순수익 1,000만 원 달성

② 서비스 배경 & 사연
"○○○를 했는데 하나도 팔리지 않았나요? 어쩌면 아무리 ○○○를 한다 해도 단 한 개의 실적도 얻기 힘들 것입니다. 그것은 ○○○의 문제가 아닙니다. 문제는 ○○○입니다. 저 역시 ○○○를 만들지 않

아서 매출이 생기지 않았습니다. 제가 지금까지 돌고 돌아서 배운 것을 알려드리겠습니다."

③ 서비스 상세 설명

"남들 다 아는 ○○○를 몰랐던 당신을 위한 최적의 가이드북입니다. 지금 바로 초기 투자비 없이 ○○○하는 방법을 알려드립니다. 일반적으로 잘 알려져 있는 ○○○하는 방법이 아니라 사람들이 잘 모르는 쏠쏠한 ○○○를 얻는 알짜 노하우를 ○○○부터 ○○○까지 다양한 공략 방법을 알려드립니다."

④ 서비스 적용 대상

- ○○를 하고 싶지만 ○○○가 없는 분들
- ○○○에 대해서 확인해 보고 싶은 분들
- 언젠가 나만의 ○○○을 해 보고 싶은 분들
- 평소 주변 사람들한테 ○○○ 하다는 말을 듣는 분들

⑤ 커리큘럼

- 1강. 왜 ○○○해야 하는가
- 2강. ○○○한 후 준비해야 하는 ○○○
- 3강. ○○가 되지 못하는 ○가지 이유
- 4강. 왜 ○○○가 아니라 ○○○인가

- 5강. 당신의 ○○○을 성공으로 이끄는 마법의 ○○원리
- 6강. 게을러도 ○○○할 수 있는 ○○가지 방법
- 7강. 자동으로 ○○하게 만드는 ○단계 방법
- 8강. ○○로 3개월 만에 ○○○를 창출하는 원리
- 9강. ○○○을 얻기 위한 ○○○전략
- 10강. ○○를 넘어 ○○○하는 ○○공식

⑥ 후기 및 리뷰

"○○○ 강연은 처음 들어보는데, ○○○ 준비를 정말 철저히 해 주시고 열정이 넘치는 강연이었습니다. 앞으로 ○○○과 함께 정규 과정으로 진행하려고 해요. 이유는 ○○○ ○○○도 좋았지만 아주 기초부터 차근차근 알려주시면서 전체적인 맥락을 이해할 수 있도록 도와주시는 부분이 정말 마음에 들었습니다."

"후기를 잘 안 남기는데 정말 추천할 만한 강연이라서 정말 오랜만에 후기 남깁니다. 강연을 결재하는 데까지 오랜 망설임이 있었지만 결론은 최고의 선택이었던 듯!! 저는 지방이라 고민이 많았지만, 단순히 ○○○하는 과정이 아니고 ○○○까지 해 주시니 정말 마음에 들더라구요. 앞으로도 계속 ○○○과 함께 정규 과정을 진행하려고 합니다. 같이 하실 분들 많이 오셨으면 좋겠네요."

다음의 내용은 6개 각 항목의 실제 사례를 참고해서 작성한 리스

트다. 지식 서비스를 메뉴화할 때 도움이 될 것이다.

① 본인 소개

○○○의 경력 및 이력

○○○ 업무 10년 경력

○○년차 프로 ○○○ 활동

○○○연구소 ○○○ 역임

○○○프로젝트 ○○ 담당

○○○ 부문 후기수 전체 1위

○○○ 부문 월 순수익 1,000만 원 달성

○○○ 부문 월 매출 1위 달성

○○○ 부문 인기 순위 1위 달성

○○ 후 ○○개월 만에 매출 ○○배 성장

○○○로 활동하는 ○○ 유튜버(블로거)

○○○ 부문 최초의 ○○○○

○○○○ 외 ○○ 경험 다수

○○○○ 과정 수료

○○○ 시상식 ○○○상 수상

② 서비스 배경 & 사연

 － 영어 강사 A의 사례

"외국인으로부터 '너 외국에서 살다 온 거 아니었어?'라는 얘기를 듣게 된 이유는… 영어권 국가 사람들은 저보고 현지인인 줄 알았다고 깜짝 놀랐지만, 저는 한국에서 자란 토종 한국인입니다. 제가 어떻게 영어를 이처럼…."

– 지식 사업가 B의 사례

"O년 전 큰 기대를 하지 않고 만들어 놓았던 ○○페이지 분량의 ○○○ 파일을 지식 마켓에 올려서 8개월 만에 1,200만 원의 부수입을 벌었습니다. 지금은 직장 생활을 하는 것보다 더 많은 여유 시간을 가지며 3배 이상 높은 수익을 얻는 삶을 살아가고 있습니다."

– 브랜드 강사 C의 사례

"○○○를 했는데 하나도 팔리지 않았나요? 어쩌면 아무리 ○○○를 한다 해도 단 한 개의 실적도 얻기 힘들지 모릅니다. 그것은 ○○○의 문제가 아닙니다. 문제는 ○○○입니다. 저 역시 ○○○를 만들지 않아서 매출이 생기지 않았습니다. 제가 지금까지 돌고 돌아서 배운 것을 알려드리겠습니다."

③ 서비스 상세 설명

서비스 상세 설명에서 당신이 알아야 할 마케팅적 개념은, 고객에게 '판타지'를 심어 주는 것이다. 예를 들어, 다이어트 제품을 구매할 때

여성들이 느끼는 판타지는 10킬로 이상 감량됐을 때 느낄 수 있는 사람들의 부러운 시선이다. 마케팅 서비스는 사업을 운영하는 고객들에게 월 매출 ○○○○만 이상 올릴 수 있을 것이라는 판타지를 제공할 때 구매 행동으로 이어질 수 있다. 이런 판타지를 제시하면 고객이 구매행동에 나선다.

미디어 커머스에서도 고객 판타지 자극을 자주 볼 수 있다. 예를 들어, 향수 제품을 홍보할 때 리얼한 상황을 보여주면서 남성들의 판타지를 자극한다. 테스트 영상에서 한 남성은 엘리베이터에서 마주친 낯선 여성에게 말을 걸지만, 번번이 퇴짜를 맞는다. 다음 영상에서 향수를 뿌리고 나서 낯선 여성에게 다가가 데이트에 성공한다. 영상을 본 남성들은 자신도 향수만 있으면 데이트에 성공할 수 있다는 판타지에 빠져 구매 행동으로 나서는 것이다.

이처럼 서비스의 상세 설명에서 고객에게 어필하려면 고객의 판타지를 자극하는 요소를 담아야 한다. 판타지 요소의 핵심은 고객으로 하여금 '내가 찾던 게 바로 이거야!'라고 느끼게 하는 것이다.

– 판타지를 자극하는 A의 사례

"○○○는 ○○○하는 게 아닙니다. ○○○가 없다면 결코 ○○할 수 없습니다. 아무리 ○○○○해도 전혀 매출이 나오지 않는 이유는 ○○○○가 없기 때문입니다. 진짜 ○○○○하는 방법을 알려드립니다. ○○하는 것보다 더 중요한 것은 ○○○를 만드는 것이며 이 과정을 통해 본격적으로 ○○○○하는 방법을 배우게 될 것입니다."

– 판타지를 자극하는 B의 사례

"이 과정은 제가 직접 ○년간 ○○○○하면서 얻은 노하우를 ○○○하는 분들이 알아야 할 내용만 골라서 설명해 드리는 것입니다. 다른 ○○○에서 알려주는 교과서적인 내용이 아니라 실제로 ○○○○하는 방법을 알려주는 것입니다. 이 ○○○를 들으면 짧은 시간 안에 ○○○할 수 있습니다. 궁극적으로 여러분들이 ○○하기 위해 지급하게 되는 경제적인 비용에서 1,000만 원 정도를 절약할 수 있습니다."

– 판타지를 자극하는 C의 사례

"남들 다 아는 ○○○를 몰랐던 당신을 위한 최적의 가이드북입니다. 지금 바로 초기 투자비 없이 ○○○하는 방법을 알려드립니다. 일반적으로 잘 알려진 ○○○하는 방법이 아니라 사람들이 잘 모르는 쏠쏠한 수익을 얻는 알짜 노하우를 ○○○부터 ○○○까지 다양한 공략 방법을 알려드립니다."

– 판타지를 자극하는 D의 사례

"매년 경제 여건은 나아지지 않고, 마케팅 효율은 떨어진다고 하지만 ○○○○○을 적용한 사업주들은 2개월 만에 매출 3배, 구매 전환율은 평균 5배 이상의 상승을 했습니다. 2019년부터 시작한 ○○

○○○은 ○○○의 핵심 요소인 ○○○○을 발굴해 사업주들의 극적인 매출 상승 효과를 가져옵니다. 구매 전환율을 극대화하고 싶다면 ○○○○○를 들어보시기 바랍니다."

– 그 외 상세 설명이 도움이 되는 기타 추가 사항

"매일 ○○시에 ○○를 보내드리는 철저한 준비성과 시간 엄수~"

"○○ 마감 후 1:1 맞춤 피드백을 해 드리는 성실성~"

"질문이 있는 경우 개별적 답변을 드립니다."

"○○○가 진행하는 유일한 ○○○ 클래스입니다."

"엑기스 중 엑기스만 뽑은 ○시간 완성 과정입니다."

"단 ○시간 만에 포인트만 콕 집어 ○○○할 수 있는 가성비 갑~"

④ 서비스 대상

이 지식 비즈니스로 도움을 받을 수 있는 대상을 특정함으로써 명확한 타기팅을 한다.

○○를 하고 싶지만 ○○○가 없는 분들

○○○에 대해서 확인해 보고 싶은 분들

언젠가 나만의 ○○○을 해 보고 싶은 분들

평소 주변 사람들한테 ○○○○ 하다는 말을 듣는 분들

○○할 준비가 되어 있는데 도무지 어떻게 ○○○할지 모르는 분들

맨날 ○○○○만 하고 실적 없이 ○○○○하는 방법을 모르는 분들

성공하는 ○○○○ 방법을 알고 싶은 ○○○분들

○○○에 ○○하는 계획이 있으신 분들

○○○에 ○○는 했지만 별다른 효과가 없던 분들

⑤ 커리큘럼

다음과 같이 커리큘럼으로 만들 수 있는 제목을 참조하여 자신만의 목차를 완성하도록 하자.

왜 ○○○ 해야 하는가

○○○가 되고 싶은 이유

○○○를 시작하는 방법

○○○한 후 준비해야 하는 ○○○

당신의 ○○○를 가로막는 ○○○

당신만 모르는 ○○의 비밀

○○로 ○○○를 창출하는 원리

○○○하는 사람들의 ○○하는 유형

○○하는 방법을 찾는 3단계 방법

빨리 ○○하려면 빨리 ○○○해야 한다

인생을 바꾸는 ○가지 ○○ 방법

○○를 넘어 ○○○하는 ○○ 공식

○○○을 얻기 위한 ○○○ 전략

○○○ 하기 위해 ○○○를 하는 방법

○○○의 숨은 의도를 읽는 ○○ 방법

왜 ○○○는 ○주 만에 ○○○이 되었을까

당신이 ○○가 되지 못하는 진짜 이유

○○가 되지 못하는 ○가지 이유

○○○는 당신이 ○○하지 못하는 가장 큰 ○○

당신이 ○○○ 후 ○○하기 위한 준비

○○ 독립을 위한 ○○단계

○○○하는 자가 될 것인가, ○○○하는 자가 될 것인가

당신의 ○○○을 성공으로 이끄는 마법의 ○○원리

왜 ○○○가 아니라 ○○○인가

○○○을 잘하는 사람들의 ○가지 특징

진짜 ○○들은 ○○○하지 않는다!

당신의 ○○○만으로는 가망이 없다

○○○하고 싶지만 시작하기 두렵다면

게을러도 ○○○할 수 있는 ○○가지 방법

자동으로 ○○하게 만드는 ○단계 방법

위의 예시를 참조하면 자신의 커리큘럼에 맞춰 넣을 수 있을 것이다. 커리큘럼 작성에 다소 어려움이 느껴진다면, 유사 분야 도서 또는 다른 강연의 목차를 벤치마킹하는 것도 좋은 방법이 될 것이다.

⑥ 후기 및 리뷰

소비자들의 관점에서 후기와 리뷰는 구매 여부를 가르는 중요한 역할을 한다. 좋은 후기와 리뷰는 그 자체로 다른 고객들에게 추천서와 같으므로 서비스 제공 뒤 좋은 리뷰를 받는 것에 늘 신경을 써야 한다. 좋은 리뷰를 받으려면 커리큘럼의 내용뿐 아니라 얼마나 잘 준비되었는지, 시간은 잘 지켜졌는지, 친절하게 설명하고 필요한 내용을 만족스럽게 전달하였는지를 스스로 점검하도록 한다. 서비스 구매 고객에게 별도의 사은품이나 이벤트 제공을 약속함으로써 좋은 후기를 받는다면 더욱 시너지를 얻을 수 있다.

지식 판매로 1억 원 버는 두 가지 기술

지식 팔아서 1억 버는 두 가지 방법이 있다. 첫 번째 방법은 '박리다매'다. 예를 들어, 1,000원의 차액이 남는 상품으로 1억 원을 벌려면 10만 명에게 팔아야 한다. 1,000원 X 100,000명＝1억 원이다. 박리다매는 많은 사람에게 조금 남기고 파는 방법이다.

두 번째 방법은 '후리소매'다. 예를 들어, 100만 원짜리 상품을 100명에게 판매하면 1,000,000원 X 100명 = 1억 원이다. 후리소매는 소수에게 팔아서 많이 남기는 방법이다.

- A : 1,000원짜리 상품을 10만 명에게 팔기
- B : 100만 원짜리 상품을 100명에게 팔기

A와 B 중에서 지식 비즈니스에 적합한 것은 뭘까? 당연히 후자다. 왜 그런가? 10만 명이 넘는 사람을 1인 기업으로 상대하기엔 너무 많은 에너지가 필요하기 때문이다.

1인이 수십만 명에게 상품을 팔려면 상당한 비용과 시간, 에너지가 요구된다. 만에 하나 당신이 수십만 명에게 광고할 수 있다 하더라도, 많은 고객 문의와 A/S 요청 등을 감당하기엔 역부족이다. 결론적으로 1인으로 구성된 지식 비즈니스는 후리소매 방식으로 접근해야 성공할 수 있다.

그러면 어떻게 해야 후리소매 방식의 판매가 가능할까? 후리소매가 가능하려면 반드시 '타기팅'이 선행되어야 한다. 타기팅이란 누구를 대상으로 서비스할 것인가를 한정 짓는 것이다. 제대로 된 타기팅이라면 고객의 범위가 무조건 좁혀져 있는 상태다. 예를 들어, 회사원을 대상으로 지식 비즈니스를 한다면 어떻게 해야 할까?

- A : 직장인을 위한 처세술 노하우
- B : 나이 마흔, 평범한 회사원이 중역으로 올라가는 처세술 노하우

A는 타깃 범위가 너무 넓다. B와 같이 범위를 좁혀야 고객 요구에 정확히 들어맞는 노하우를 제공할 수 있으며, 고객 단가도 높일 수 있다. 타기팅을 할 때 고객의 범위는 나이, 성별, 지역, 직업, 역할, 상황 등 다양한 방법으로 좁힐 수 있다. 소수의 고객을 대상으로 타기팅하고, 명확한 솔루션을 제시할 때 후리소매의 고수익 가능성은 커진다.

2단계 : 블로그와 유튜브 인플루언서

모든 길은 로마로 통한다? 이제는 인플루언서로 통한다. KOTRA(대한무역투자진흥공사) 통계에 따르면, 최근 인플루언서 마케팅 시장이 전 세계 규모 11조 원을 넘어섰다. 미 실리콘밸리에는 인플루언서 마케팅을 중심으로 하는 스타트업이 한 해 300여 개 생겼다. 이제 인플루언서는 기업의 마케팅 성패를 가늠할 정도다.

보유 구독자 수를 몇 명 가진 사람까지 인플루언서로 정의해야 할까? 블로그, 인스타그램, 유튜브 3대 SNS를 평균으로 볼 때, 일반적으로 3만 명 이하의 팬(구독자)을 보유하면 마이크로 인플루언서로 본다. 10만 명 이하는 명실상부한 인플루언서, 10만 명 이상부터는 파워 인플루언서라 볼 수 있으며, 100만 명이 넘는 경우는 메가 인플루언서로 분류한다.

"언니, 너무 예뻐요! 사용하신 제품이 뭐예요? 궁금해요!"

이제 어떤 콘텐츠인가는 중요치 않다. 누구의 콘텐츠인가? 이것이 중요하다. 지금의 소비자들은 '기왕 돈 주고 사는데 내가 좋아하는 사람한테 사야지!'라고 생각한다. 이런 이유로 인플루언서 마케팅의 비중은 더욱 커지고 있다.

인플루언서들은 일반인이지만 연예인 못지않은 '구매 욕구'를 일으킨다. 그들이 찍는 먹방은 요식업의 유행이 된다. 뷰티, 의류, IT 등 각 분야의 인플루언서는 소비를 선도하고 있으며 이 현상은 앞으로 더 심화할 것이다.

올 초 화장품 회사 '미샤'는 뷰티 크리에이터 '홀리'와 함께 신제품을 발매했다. 신제품 발매 당일 인플루언서 홀리는 준비한 물량 3,000개를 2분 30초 만에 팔아치웠다. 인플루언서가 기업 매출에 얼마나 큰 영향을 미치는지 보여주는 대목이다. 인플루언서 마케팅은 소비자 반응이 즉각적이고 확실하기 때문에 기업들이 선호한다. 기업과 인플루언서를 연결해 주는 대행업체도 늘어나고 있는 추세다. 연결 대행업체들은 인플루언서를 A, B, C, 세 등급으로 나누고 업체별로 다양한 마케팅 행사를 연결해 주고 있다. 인플루언서들에게 제공되는 금전적 보상은 얼마일까? 한 건 진행하는 데 인플루언서에게 돌아가는 보상은 최소 30만 원에서 많게는 수천만 원에 이르기도 한다. 인플루언서들이 대부분 일반인인 것을 고려하면 상당한 보상이다. 기업 입장에서 보면 연예인 쓰는 것보다 적은 비용으로 큰 효율을 얻을 수 있으므로 기업과 인플루언서 서로에게 윈윈이다.

국내 메인 포털 네이버 역시 인플루언서 마케팅을 주요 전략으로 내세우고 있다. 최근에는 인플루언서 검색 영역을 새로 만들고, 자체 인플루언서 선정 기준을 마련했다. 요약하자면, 네이버가 앞으로 인플루언서를 중점관리 한다는 얘기다.

네이버 인플루언서로 선정되면 어떤 혜택이 있을까? 네이버 인플루언서는 별도의 네임카드와 배너를 받고, 검색 결과 최상단에 별도의 브랜드 창이 뜨도록 했다. 무엇보다 네이버 인플루언서에 주목해야 하는 이유는 블로그 활동에 프리미엄 광고가 붙기 때문이다. 네이버 인플루언서로 선정된 후 블로그에 글을 올리면 비싼 단가의 프리미엄 광고가 붙는다. 이는 일반 애드포스트 광고 수익 대비 5배 이상을 제공받는다. 하루 5,000명 이상 방문하는 블로그라면 월 평균 300~500만 원 이상의 수익을 얻을 수 있으므로 상당한 금전적 보상을 받을 수 있는 것이다.

참고로, 네이버는 자체 팬 제도를 운영하고 있으며, 네이버의 인플루언서 선정 기준은 팬 숫자 3,000명 이상이면서 주제별 팬 숫자가 상위 그룹에 속해야 한다. 네이버는 인플루언서 그룹을 20개 카테고리로 나누고 있다. 각 카테고리는 IT테크, 생활건강, 프로스포츠, 방송/연예, 대중음악, 영화, 공연/전시/예술, 도서, 경제/비즈니스, 어학/교육, 리빙, 푸드, 운동/레저, 자동차, 패션, 여행, 뷰티, 게임, 동물/펫, 육아로 구분하고 있으므로 관심 있는 분야가 있다면 한 분야를 선정해 집중 공략해야만 해당 그룹의 인플루언서가 될 수 있다.

다음 내용에서는 네이버 인플루언서가 되기 위한 전략으로 블로그와 유튜브에서 성공한 사례 분석을 통해 인디펜던트 워커가 지향해야 할 방향을 살펴본다.

아직도 블로그가 좋은 이유

동영상 기반의 유튜브는 텍스트 기반의 블로그를 압도했다. 지금이 동영상 시대라는 것은 누구도 반박할 수 없을 것이다. 전 세계인의 유튜브 콘텐츠 소비 시간은 하루 10억 시간에 달할 정도로 어마어마하다.

그렇다면 "블로그는 이제 쓸모없는 것 아닌가?", "유튜브 마케팅이 대세인데, 굳이 블로그를 해야 할까?" 하는 질문을 할 수 있다. 그 질문에 나는 이렇게 답하겠다. "블로그에 새로운 기회가 있다!"

일단, 블로그 마케팅이 차지하는 국내 시장 규모는 아직도 크다. 유튜브가 대세라 해도 텍스트 기반의 마케팅은 여전히 큰 영향력을 발휘하고 있다. 사람들의 검색 패턴을 보아도 블로그 검색 키워드가 따로 있고 유튜브 검색 키워드가 따로 있다. 예를 들어, '윈도우10

업데이트 강제 종료하는 법'이라는 키워드는 블로그 전용 키워드다. 유튜브에서는 이런 키워드를 잘 쓰지 않는다. 이렇듯 텍스트 마케팅 기반의 블로그는 사라지지 않고 고유의 영역을 유지하며 지속될 가능성이 크다. 또 우리나라 메인 포털인 네이버는 자신의 최대 장점인 블로그 시장을 결코 놓지 않을 것이다. 그러므로 블로그 마케팅의 영향력은 조금 줄어들긴 해도 여전히 유효할 것이다.

현시점에서 블로그를 다시 주목해야 할 이유가 있다. 유튜브가 등장하면서 기존에 영향력이 컸던 파워 블로거들이 대거 동영상으로 넘어갔다는 점이다. 네이버 블로그에서 군림하던 파워 블로거들이 유튜브로 넘어가면서 그들이 차지하고 있던 자리에 공백이 생겨났고, 후발 주자들이 새롭게 진입할 수 있는 공간이 생겼다.

결과적으로 유튜브와 인스타그램 시장이 급팽창하면서 블로그에 새로운 기회가 왔다. 현시점에서 블로그를 신규 개설하여 시작한다면 해도 일 방문자 1,000명 이상의 중견 블로그로 성장하기까지 3개월 정도면 가능할 것으로 예상된다. 일 방문자 1,000명 이상이 되면 체험단, 각종 행사 초대, 원고료, IT 가전 협찬 등을 받을 수 있다. 만약 일 방문자 1만 명 이상의 대형 블로그로 성장하게 되면 명실상부 인플루언서로 활동할 수 있다.

일단 구독자 1,000명을 목표로 하자

기업들은 인위적 광고보다 솔직한 개인적 의견, 즉 바이럴 효과를 선호한다. 일 방문자가 많은 블로거는 바이럴 효과를 일으키므로 이들에게 적극적으로 상품을 협찬한다. 이것이 블로그를 키우는 것으로 금전적 보상을 얻는 이유다. 광고에 연예인을 섭외하듯 기업들은 블로거에게 협찬한다. 이런 점을 활용한다면 당신도 블로그를 통해 상품 협찬 등을 받을 수 있고 더 나아가 경제적 독립을 가져다주는 파이프라인을 만들 수 있다.

블로그를 판단하는 지표는 일 방문자 수다. 일 방문자 수가 300명 이하 수준이라면 초심자 수준이므로 특별한 혜택은 없다. 일 방문자 1,000명을 돌파하는 시점부터는 기업의 협찬이나 체험단 등의 실질적인 보상을 기대해 볼 수 있다. 전국 각지의 맛집, IT 관련 신제품, 의류, 액세서리, 다이어트 상품 등을 비롯해 다양한 업체로부터 협찬 의뢰가 들어오고 상품 후기의 대가로 원고료를 받을 수 있다. 일 방문자 1만 블로그가 되면 네이버에서 인플루언서로 선정해 줄 가능성이 매우 크다. 네이버를 비롯한 각종 기업 행사에 초청받게 되며, 삼성이나 LG와 같은 대기업의 최신 상품을 무료로 협찬받을 수 있다.

블로그는 국민 절반 이상이 사용할 정도로 대중성과 접근성을 갖추었기 때문에 진입 장벽이 낮으며, 직장 생활과 병행하기 적합한 부업이다. 1단계 프로세스에서 자신의 아이템을 확정했다면 블로그를 전초기지로 콘텐츠를 쌓도록 하자. 블로그는 키워드만 잘 잡으면 생각보다 빠르게 구독자 1,000명 블로그로 성장할 수 있다. 블로그는 디지털 기반이므로 시간과 장소에서 자유로운 수익 활동이 가능하다. 지식 비즈니스 판매에 있어서 블로그를 잘 활용한다면 기대 이상의 이익을 가져갈 수 있다.

다음은 블로그를 통해 얻을 수 있는 실질적 혜택들이다.

1. 애드포스트 수익

애드포스트는 구글 애드센스와 마찬가지로 글을 올리고 얻을 수 있는 네이버 광고 수익 시스템이다. 구글 애드센스가 티스토리 블로그를 대표하는 수익 시스템이라면, 애드포스트는 네이버 블로그를 대표한다.

네이버 블로그에 포스팅을 하면 하단이나 중단에 광고가 자동으로 삽입된다. 방문자가 관심 있는 광고를 클릭하면 CPC(Cost per Click, 클릭 1회당 수익) 방식으로 광고 수익이 블로거에게 배분된다.

애드포스트 신청은 블로그 운영 3개월 째부터 가능하고, 게시물은 최소 50개, 일 방문자 수 50명 이상이 되어야 광고 게재 신청 자격이 주어진다. 구글 애드센스 신청 절차에 비하면 애드포스트는 비교적 까다롭지 않고 쉬운 편이지만, 수익 규모로 따지면 구글 애드센스보다 많이 떨어진다는 것이 중론이다.

블로그 인플루언서를 꿈꾼다면 애드포스트 수익 시스템을 최대한 활용토록 하자.

2. PDF 전자책 수익

PDF 전자책에 관하여는 다음 3단계에서 충분히 설명할 것이다. 여기서는 블로그를 활용해 PDF 전자책 판매를 하는 방법에 대해 알아본다.

사람들이 블로그에 방문하는 이유는 해당 블로그가 다루고 있는 이슈를 보거나 관련 정보를 얻고 싶어서다. 즉, 블로그를 운영하는 목적은 사람들에게 이슈, 그리고 유익한 정보를 제공함으로써 광고 이익을 취하는 것이다. 이 점에 착안하면 블로그를 통해 PDF 전자책을 판매할 수 있다.

단기 이슈성 포스팅의 경우 전후 맥락의 연결성이 없기 때문에 PDF 전자책의 판매로 이어지지 않는다. 그러므로 (PDF 전자책이 준비됐다면) 자신의 PDF 전자책 주제에 맞는 정보성 포스팅을 해야 한다. 그리고 포스팅 중단이나 하단에 자신의 PDF 전자책 구매 링크를 넣는다. 참고로 PDF 전자책은 구글 드라이브 등 클라우드 시스템에 PDF 전자책을 올리고 해당 파일 다운로드 링크를 복사·공유할 수 있다. 구매를 원하는 이들에게 해당 링크를 주면 언제든지 PDF 전자책에 접속해 다운로드 할 수 있다. 단, 유료로 판매하는 PDF이므로 파일을 암호화하는 것을 잊지 말자.

3. 어필리에이트 수익

어필리에이트(Affiliate)란, 특정 기업의 상품을 개인 SNS를 통해 누구나 판매할 수 있도록 만든 수익 시스템이다. 인터넷 서핑을 하다 보면 몇몇 블로그에서 어필리에이팅 활동을 볼 수 있는데, 제품 리뷰나 소개 글을 통해 해당 제품이나 서비스 등을 매매할 수 있는 링크를 연결하는 경우다.

어필리에이팅 회사들은 고객 유입경로를 통해 해당 블로그가 기여했는지 확인할 수 있다. 만약 블로그를 통해 판매가 이뤄졌다면 유입경로 확인 후 판매 금액의 3~10%가량을 지급받는다. 때문에 이왕이면 단가 높은 제품을 다룰수록 이익은 극대화된다. 에어컨, 냉장고, TV와 같이 단가 높은 제품을 다루면 생각 외로 높은 수익을 기대할 수 있다.

통계적으로 포스팅 조회 수 1,000회당 구매전환율은 0.5% 미만이다. 최대한 많은 상품을 포스팅해야 이익률이 커지며, 조회 수를 높일수록 실질 구매 횟수도 올라간다. 물론 조회 수를 높이기 위해서는 사람들의 관심이 많이 쏠리는 제품을 다루는 것이 유리하다. 최신 발표, 신규 론칭 혹은 현재 이슈가 되고 있는 상품을 포스팅하면 반응이 좋다.

블로그를 통해 어필리에이트 수익을 늘리려면 꾸준히 양질의 정보를 담아야 한다. 광고처럼 보이는 글을 작성하는 경우 구매로 이어지기 어렵다. 제품이나 서비스의 장단점을 고루 담아 솔직한 내용으로 포스팅해야 한다.

대표적인 상품 판매 어필리에이팅 회사로는 쿠팡파트너스가 있다. 쿠팡파트너스 홈페이지(partners.coupang.com)에서 파트너스로 가입하면 어필리에이터로 활동할 수 있는 상품별 링크를 다운받을 수 있다.

이 외에 앱 설치를 유도하거나, 회원 등록을 유치하는 어필리에이팅이 있다. 대표적인 기업을 소개하면 다음과 같다.

- 디비디비딥 : www.dbdbdeep.com
- 리더스CPA : www.leaderscpa.com/leaderscpa
- 텐핑 : www.tenping.kr

다만, 인디펜던트 워커로서 나는 어필리에이팅 수익 활동을 추천하지는 않는다. 이유는 다음과 같다. 첫째, 어필리에이트 방식의 광고 링크들은 준비된 수량이 모두 소진되면 더는 유효한 수익 창출을 하지 못한다. 즉, 수익의 지속성이 떨어진다. 둘째, 어필리에이트 방식의 수익화는 자기 몸값을 높이지 못한다. 지식 비즈니스의 목적은 일할수록 자신의 몸값이나 브랜드를 높이는 것이다. 상품 정보만을 제공하는 어필리에이팅은 디지털 용역에 가까운 일이다.

4. 체험단 혜택
블로그 체험단 활동을 하면 다양한 혜택을 얻을 수 있다. 체험단은

특정 기업의 제품이나 서비스를 체험하고 그 대가로 후기를 작성하는 것인데, 블로그 글 쓰는 것만으로 고급 식당이나 최신 IT 제품을 이용할 수 있다는 것은 흥미진진한 일이다.

상품, 서비스의 무상 제공이나 협찬으로 돌아오는 체험단 활동은 상당히 재미있고, 동기부여도 얻을 수 있다. 왕성하게 활동하는 체험단 블로거의 경우 월급 못지 않은 물질적 혜택을 얻어 가기도 한다. 국내 블로그 체험단 제공 업체는 예전보다 그 수가 줄어들었지만 아직도 왕성하게 활동하는 곳이 5군데 정도 있다. 아래 대표적인 5개 체험단 사이트를 참조하자.

- 레뷰 : www.revu.net
- 리뷰플레이스 : www.reviewplace.co.kr
- 링블 : www.ringble.co.kr
- 서울오빠 : www.seoulouba.co.kr
- 티블 : www.tble.kr

다만, 체험단 활동에도 주의해야 할 것이 있다.

첫째, 과도한 광고성 포스팅이다. 경험에 기반한 후기나 리뷰는 좋지만 홍보 및 광고성 포스팅이라고 여겨지는 글이 과도하게 많으면 해당 포털에서 제재를 가하는 경우가 있으므로 주의하도록 하자.

둘째, 기자단과 같은 비체험 활동은 피하자. 기자단은 업체에서 원고와 사진 자료를 제공받아 그 내용을 거의 그대로 복사하듯 포스팅하는 것인데, 결코 추천하지 않는 방식이다. 타 블로그와 유사 포스팅이 많이 올라오는 경우 블로그 지수에 악영향을 끼쳐 자칫 저품질 블로그로 전락할 수 있다. 그러므로 블로그 활동을 오랫동안 지속하고 싶다면 과도한 홍보성 포스팅이나 일명 복붙하는 기자단 활동은 피해야 한다.

셋째, 지식 비즈니스는 체험단과 기자단 활동으로 성장하지 않는다. 인디펜던트 워커로서 독립적 경제 활동을 하려면 자신의 경험과 지식이 묻어나는 독창적 블로그 활동을 지향해야 한다.

블로그를 성장시키는 기술

블로그 시작 단계라면 일 방문자 1,000명을 목표로 하자. 구독자 1,000명을 달성했다면 1만 명으로 성장해야 한다.

블로그 성장 노하우에 관하여는 『구글 애드센스로 돈 벌기』에 자세히 설명했으니 참고하고 여기서는 일 방문자 수를 늘리기 위해 특별히 신경 써야 할 부분들에 관해서 짚어 보도록 한다.

1. 목표 대상을 명확히 하자

자신이 목표로 하는 명확한 타깃층이 있어야 한다. 타깃층을 정하지 않은 채 뒤죽박죽으로 단순 정보를 제공하는 블로그로는 대형 블로그로 성장할 수 없다. 일 방문자 1만 명의 블로그로 성장시키려면 자기만의 명확한 타깃층을 목표로 잡고 활동해야 한다.

- 재테크에 관심 많은 직장인
- 건강에 관심 많은 노년층
- 액세서리에 관심 많은 미혼 여성층
- 인테리어에 관심 많은 주부

네이버 블로그는 아래와 같이 32개 주제로 분류하고 있으므로 위의 주제 중 한 가지 영역을 선택해서 자신의 블로그를 채워 나가도록 하자. 한 가지 주제를 집중해서 키우는 것은 블로그 지수에 반영되므로 주제를 정하고 그에 맞는 타깃층을 명확히 하는 것이 블로그 성장에 중요하다.

엔터테인먼트·예술	생활·노하우·쇼핑	취미·여가·여행	지식·동향
○ 문학·책	◉ 일상·생각	○ 게임	○ IT·컴퓨터
○ 영화	○ 육아·결혼	○ 스포츠	○ 사회·정치
○ 미술·디자인	○ 애완·반려동물	○ 사진	○ 건강·의학
○ 공연·전시	○ 좋은글·이미지	○ 자동차	○ 비즈니스·경제
○ 음악	○ 패션·미용	○ 취미	○ 어학·외국어
○ 드라마	○ 인테리어·DIY	○ 국내 여행	○ 교육·학문
○ 스타·연예인	○ 요리·레시피	○ 세계 여행	
○ 만화·애니	○ 상품리뷰	○ 맛집	
○ 방송	○ 원예·재배		

〈네이버 블로그 주제 분류〉

단, 주제를 선정할 때는 자신이 가장 잘할 수 있고 자주 편하게 접할 수 있는 분야로 하는 것이 좋다. 자신의 업무, 성향, 취미, 취향에 맞는 주제를 골라야 자주 쓰고, 포스팅할수록 재미도 느끼게 된다. 블로그 성장에 있어서 지속성은 매우 중요한데, 그런 점에서 하나의 일관된 주제로 꾸준히 써 나갈 수 있느냐가 중요하다.

일반적으로 돈을 버는 데 필요한 정보는 관심과 반응이 높은 편이다. 부동산 관련 지식이나 주식 종목에 대한 설명은 월간 조회 수가 최소 1~10만 이상을 넘어가는 것들이 많다. 자신에게 유리한 주제로 선정하되 사람들이 관심 있어 할 만한 것으로 포스팅한다면 비교적 쉽게 일 방문자를 늘릴 수 있다.

2. 노하우를 제공하자

다음과 같이 각각의 블로그는 주제별로 다양한 노하우가 있다.

- 주식 블로그 : 주식 매수/매도 노하우
- 부동산 블로그 : 중개 수수료 아끼는 노하우
- 요리 블로그 : 계란찜 쉽게 만드는 노하우
- 육아/생활 블로그 : 기름때 제거하는 노하우
- IT 리뷰 블로그 : 최신형 노트북 싸게 사는 노하우

노하우를 제공하는 블로그는 호응을 많이 얻는다. 노하우 제공형

포스팅은 블로거 자신의 지식과 경험을 기반으로 하므로 독창적이고, 경쟁이 치열하지 않으며, 타인에게 이익을 제공한다. 노하우 제공형 포스팅은 인터넷 커뮤니티나 기타 SNS로 확산될 확률이 높고, 많은 호응을 얻을 가능성이 크다. 노하우 제공형 포스팅을 많이 하면 블로그 이웃이 늘어나고 일 방문자 상승으로 이어진다.

3. 블로그 방문자 수 늘리는 방법

블로그 방문자 수를 늘리는 방법은 선별된 키워드를 사용하는 것이다. PC와 모바일의 월간 검색량을 알 수 있는 사이트를 참고하면 자신의 포스팅 키워드를 선별할 수 있다. 키워드 조회 사이트에는 PC 검색량, 모바일 검색량, 총 조회 수, (기존) 문서 수, 상위에 랭크된 블로그를 확인할 수 있으므로 적극 활용하도록 하자. 참고할 수 있는 사이트는 '키워드 마스터'가 있다.

〈키워드 마스터 www.whereispost.com/keyword〉

키워드 선정 요령은 PC 및 모바일의 검색량이 많고 총 조회 수가 많되, 기존 문서 수가 적은 것을 선별하는 것이다. 다양한 키워드를 나열해 보고 가장 경쟁력 있다고 판단되는 키워드로 결정한다.

예를 들어, 다음과 같은 키워드들은 월간 총 조회 수가 많지만 상대적으로 기존 문서 수가 적으므로 경쟁력 있는 키워드들이다.

키워드	월 조회 수	문서 수	경쟁 지수 (=문서 수/월 조회 수)
넷플릭스 올드가드	53,880회	615회	0.01
네이버 영수증 리뷰 삭제	5,420회	387회	0.07
엑셀 파일 합치기	2,530회	300회	0.12
어도비 플래시 플레이어 삭제	2,630회	596회	0.22

(2020.7.기준)

키워드 마스터를 활용해 검색량과 기존 문서 수량을 비교하고 그것을 점수화하면 해당 키워드가 얼마나 경쟁력을 갖는지 알아볼 수 있다. 위 도표와 같이 경쟁 지수를 만들면 가장 유리한 키워드가 무엇인지 알 수 있다. 이제 어떤 키워드와 제목으로 포스팅해야 할지 감이 올 것이다. 경쟁 지수가 낮고 상위 노출 가능성이 큰 키워드로 선별해서 블로그 방문자 수를 극대화하자.

4. 블로그 방문자 체류 시간 늘리는 방법

방문자 체류 시간을 늘리는 것은 블로그 지수 상승에 가장 큰 영향을 끼친다. 지수가 높은 블로그는 포털 검색 결과 상위에 노출될 가능성이 크므로 방문자 체류을 시간 늘리는 데 집중해야 한다. 어떻게 해야 방문자 체류 시간을 늘릴 수 있을까?

가장 좋은 방법은 포스팅 하나에 최대한 많은 양의 정보를 담는 것이다. 예를 들어, 'LG전자 최신형 식기 세척기 구매 후기'라는 주제라면, 상품을 어디서 구매했는지부터 구매할 때 참고했던 사이트 정보, 최저가 구매 방법, 상품 구매 시 혜택 받는 방법, 상품 개봉할 때 상세 설명, 실제 사용할 때 느낄 수 있는 장단점 등을 자세히 풀어 쓰는 것이다. 이 때는 사진이나 동영상, 움짤을 최대한 활용해서 방문자가 계속 보게끔 만드는 것이 중요하다.

블로그 인플루언서 되는 방법

앞서 얘기했듯, 네이버 인플루언서로 선정되면 블로그 포스팅에 프리미엄 광고가 붙으므로 월 수백만 원대 수익이 가능하다.

- 네이버 인플루언서 신청 사이트 : in.naver.com

인플루언서를 신청하면 약 10일 정도의 검토를 거쳐 선정 여부를 결정한다. 인플루언서 선정 범위는 네이버 블로그, 네이버 TV, 네이버 포스트 3개 영역이다. 네이버 블로그 기준으로 약 500개 정도의 포스팅이 있어야 하고, 활동량이나 팬 확보가 중요하다. 인플루언서 선정 기준에는 특히 '팬'의 숫자가 중요하다. 최소 3,000명 이상의 팬을 요구하는데 이는 정해진 숫자라기보다는 많으면 많을수록 좋다고 보는 것 같다. 또 글이나 영상의 질이 높을수록 선정 가능성이 크다.

인플루언서로 선정되려면 네이버 검색 알고리즘인 C-랭크에 잡혀야 한다. C-랭크란, 특정 영역에서 전문적인 글을 많이 발행해서 그 분야의 전문가로 인식되는 것이다. 따라서 여러 가지 주제의 잡다한 정보를 다루는 것은 좋지 않다. 아래 20개의 영역 중에서 하나의 카테고리만을 집중적으로 공략해야 한다. 네이버 인플루언서 카테고리 구분은 다음과 같다.

〈네이버 인플루언서의 카테고리〉

앞으로 네이버 블로그는 인플루언서로 집중될 것이다. 잡다한 블로그는 점점 사라지고 양질의 콘텐츠를 다루는 블로그만 상위에 노출되는 방향으로 갈 가능성이 크다. 이제는 위의 20개 영역에서 자신의 블로그 활동을 전문적으로 키워 인플루언서가 되어야 한다.

블로그 포스팅 작성 시 주의 사항

최근 공정위에서는 기업 협찬이나 상품 광고성 포스팅에 금전적 지원, 할인, 협찬 등 구체적인 대가를 받았다는 내용 표시를 의무화하고 있다. '추천 보증 등에 관한 표시 광고 심사 지침 개정안'에 따르면, '대가를 받고 올렸다'는 것을 반드시 밝히도록 하고 있다. 해시태그나 댓글 혹은 더 보기를 눌러야 볼 수 있도록 하거나 글씨 크기를 너무 작게 하는 등의 꼼수도 허용하지 않으니 주의하도록 하자. 참고로 이 개정안은 2020년 9월 1일부터 적용된다.

　- 금전적 지원을 받았다는 내용 표시의 예
"본 포스팅은 업체 활동을 통해 소정의 수수료를 받습니다."
"본 포스팅은 해당 업체로부터 제품을 무상으로 받아 솔직하게 작성한 후기입니다."

만약 이러한 광고 문구 안내 없이 기업의 제품이나 서비스를 활용해 수익 활동을 하면 벌금이나 법적 제재를 받을 수 있으니 꼭 주의하자.

유튜브에서 통하는 5가지 법칙

유튜브는 블로그보다 조회 수가 높고 파급력이 강하다. 유튜브를 해야 하는 4가지 이유는 다음과 같다.

첫째, 확장성이 가장 좋은 도구이기 때문이다. 현존하는 소셜 미디어 채널 중에서 자기 메시지를 전달하는 반응률이 가장 높은 도구는 유튜브다. 유튜브를 활용하면 더 많은 사람에게 전파되므로, 자신의 브랜드나 커뮤니티를 키우는 데 효과적이다. 특히 자본금이 많지 않은 1인 기업이 거의 무료로 자신을 홍보하는 데 가장 유용한 도구다.

둘째, 달러를 벌기 때문이다. 유튜브를 통해 얻는 애드센스 수익은 구글에서 제공한다. 달러를 준다는 이야기다. 알다시피 달러 가치는 원화의 가치보다 높으며, 경제 상황이 좋지 못할 때 달러는 자산을 보호해 주는 효과를 가져온다. 앞으로 우리나라 원화 가치는 하락할 가능성이 높다. 때문에 달러 수익을 창출한다는 것은 상당한 메리트다.

셋째, 유튜브는 다음 세대의 미래이기 때문이다. 유튜브는 현재 미취학 아동뿐 아니라 10~20대가 가장 애용하는 미디어다. 스마트폰을 가진 청소년들은 유튜브를 삶의 일부로 생각한다. 소셜미디어로써 유튜브의 장악력은 시간이 갈수록 견고해질 것으로 보인다. 현재의 청소년들이 경제력을 갖추는 10~20년 뒤에는 유튜브 마케팅에 대한 의존이 더욱 심화될 것으로 예상된다.

마지막으로 은퇴 문제다. 통계에 따르면 은퇴 부부의 노후 적정 생활비는 월 217만 원이다. 그러나 우리 주변에는 노후 준비를 하지 못한 어르신들이 경제적 어려움을 겪는 것을 심심치 않게 볼 수 있다. 월 200만 원 이상의 노후 준비가 되어 있지 않으면 노년에도 육체노동에 의존해야 할지 모른다. 은퇴 준비를 위해서라도 디지털 기반의 수익원 마련은 필요하다. 블로그와 유튜브는 지식 기반으로 수익을 창출한다는 측면에서 부가 가치가 크며, 나이 제한이나 은퇴 개념이 없기 때문에 노후 대비로 가능한 수단이다.

최근에는 도서 판매 시장에서 유튜브의 역할이 커지고 있다. 유튜브 구독자가 곧 도서의 구독자 수와 비례하는 상황이 계속됨으로써 도서 출간과 유튜브 채널 운영, 이 2가지는 1인 기업의 성공 법칙으로 상관 관계를 가질 것으로 보인다.

그러면 어떻게 해야 유튜브 채널을 성장시킬 수 있는지 성공한 유튜브 채널 분석을 통해 정리한 '유튜브에서 통하는 5가지 법칙'을 간단히 설명하겠다.

1. 제1 법칙 : 모든 과정을 간단하게 하라

유튜브 구독자를 모으는 일은 비싼 장비 또는 뛰어난 편집 실력이 그다지 필요치 않다. 실제로 빠른 시간 안에 많은 구독자를 확보한 유튜버들은 대부분 SEO(상위 노출 로직)에 신경 쓰지 않았다는 사실에 주목해야 한다. 성공한 유튜버들의 공통점은 채널이 성장 단계에 오를 때까지 꾸준히 지속하는 것이었다. 그러기 위해 가장 필요한 것은 기획, 촬영, 편집 전 과정을 최대한 간단하게 하는 것이다.

레고 스톱모션(Stop Motion)을 전문으로 하는 채널이 있다. 레고 장난감이 움직이는 영상을 짜집기하려면 촬영 시간이 오래 걸리고 편집 과정이 번거롭다. 스토리를 짜고, 편집하고, 음성 자막을 넣는 데 많은 시간이 소모된다. 레고 채널을 운영하는 사람은 긴 고생 끝에 영상 한 편을 완성한다.

그런데 업로드한 후 이게 웬일일까? 며칠이 지나도 조회 수가 50회도 안 나온다. '언젠가 내 노력을 알아줄 구독자들이 있을 거야!'라는 생각으로 오랜 과정을 거쳐 후속 편을 몇 차례 올린다. 하지만 여전히 조회 수와 구독자 수가 늘지 않는다. 이쯤 되면 처음 가졌던 마음가짐이 흐트러진다. 결국 지쳐서 포기하게 된다.

제1 법칙, '모든 과정을 간단하게 하라'는 다른 법칙들보다 중요하다. 유튜브 채널을 운영하기로 했다면 장기전에 돌입했다고 생각해야 한다. 촬영 과정이 복잡하거나 편집이 번거로우면 오래갈 수 없다. 핵심은 채널 운영을 위한 모든 부담을 줄이는 것이다.

유튜브 채널 중 'How Ridiculous'라는 채널이 있다. 콘셉트가 차별화되어 있으면서도 심플한 구조로 되어 있다. 이 채널은 건물 옥상에서 다양한 물건을 떨어뜨리는 심플한 콘셉트로 수백만이 넘는 구독자 수를 확보했다. 이처럼 구성이 단순하고 간단하게 촬영할 수 있는 콘텐츠라면 지치지 않고 지속해서 운영할 수 있으며, 구독자가 늘어날 때까지 지구력을 유지할 수 있다.

내가 기획하는 콘텐츠는 오래갈 수 있는가?

이에 대해 고민해 보자. 좋은 콘셉트의 채널들은 기획이 단순하고, 촬영과 편집이 단순하다. 복잡하고 까다로우면 지속할 수 없다는 것을 명심하자.

2. 제2 법칙 : 썸네일은 거대하게 또는 궁금하게

유튜브 구독자를 모으기 위해 필요한 중요 요소가 있다. 바로 썸네일(동영상을 소개하는 그림이나 사진)이다. 영상이 아무리 재미있어도 썸네일이 매혹적이지 않으면 구독자들을 끌어당길 수 없다. 그렇다면 썸네일을 어떻게 만들어야 할까?

'허팝(Heopop)' 채널은 2016년까지 그다지 주목받지 못했다. 그가 구독자를 모으기 시작한 시점은 대형 수영장에 무지개빛 젤리를 가득 채운 썸네일이 시선을 사로잡기 시작했을 때부터였다. 허팝의 썸네일은 '궁금하게', '거대하게', '어마어마하게' 보이도록 하는 제2 법칙을 철저히 따랐다. 그 결과 허팝 채널의 영상들은 수백만 조회 수를 기록했고 빠르게 많은 수의 구독자를 확보할 수 있었다.

유튜브 썸네일이 반드시 정직해야 한다고 생각할 필요는 없다. 썸네일은 영화로 치면 홍보 포스터다. 포스터를 만들 듯 최대한 과장되게 만들어서 보는 사람으로 하여금 궁금증과 호기심을 불러일으켜야 한다. 썸네일은 전시장에 진열된 상품이다. 다양하게 진열된 상품 중 굳이 하나에 주목해야 한다면, 당신은 어떤 것을 선택하겠는가? 거대하거나, 어마어마하거나, 특이하거나, 궁금하게 하는 상품에 이목이 쏠린다는 것을 명심하자.

3. 제3 법칙 : 관심사를 집중 공략하라

구독자를 많이 얻는 유튜브 채널들의 특징은 사람들의 관심사를 공략했다는 점이다. 유튜브 채널의 성공 열쇠는 '내 관심사'가 아닌, '사람들의 관심사'가 무엇이냐를 찾는 데 있다.

네이버 광고 시스템의 키워드 도구에 나온 키워드별 검색 순위를 적극 활용하자. 키워드 검색 순위와 트렌드를 확인할 수 있는 사이트는 다음과 같다.

- 네이버 광고 시스템 키워드 도구 : www.searchad.naver.com
- 유튜브, 실시간 급상승 동영상 : www.youtube.com/feed/trending
- 유튜브, 전 세계 키워드 도구 : www.keywordtool.io/youtube

- 구글, 전 세계 트랜드 : www.trends.google.com/trends

예를 들어, 네이버 광고 시스템 키워드 도구에서 2019년 먹방 채널에서 이슈가 되었던 '지구 젤리'를 검색해 보면 다음과 같은 결과를 확인할 수 있다.

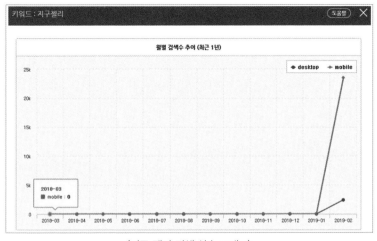

〈지구 젤리 검색 상승 그래프〉

검색 결과를 보면, 지난 1년간 사람들은 '지구 젤리' 키워드에 아무런 관심도 보이지 않았다가 2019년 2월을 기점으로 검색량이 폭발적으로 증가했다. 사람들의 관심사가 전혀 없다가 한쪽으로 몰리는 시기가 있는 것이다. 이러한 현상은 '전에 없다가 새롭게 생겨난 관심사' 때문인데 이는 상당히 중요한 포인트다. 키워드 시장에 '틈새 시장'이 있는 것이다. 신규로 생성된 관심사는 당신이 파고들 수 있는 빈틈이며 기회다. 사람들의 관심이 전에 없다가 새로 생겨난 것들을 적극 활용해야 한다.

4. 제4 법칙 : 반응을 불러일으켜라

유튜브에서는 사람들의 반응을 불러일으켜야 성공할 수 있다. 어떻게 해야 사람들의 반응을 불러일으킬 수 있을까?

유튜브에서 볼 수 있는 대표적인 반응은 '쾌감 반응'이다. 예를 들어, 귀에 들리는 소리는 우리에게 감정 반응을 일으킨다. 그중에서도 음악은 언어와 국경을 추월해 전 세계인이 공통으로 느끼는 쾌감이다. '먹는 쾌감'도 마찬가지다. 먹방이 전 세계적으로 유행하는 이유는 ASMR(자율 감각 쾌락 반응)처럼 온몸에 '쾌감'을 일으키기 때문이다. '보는 쾌감'도 있다. 물체가 부서지거나 불타거나 구겨지는 반응을 보면서 사람들은 알 수 없는 쾌감을 느낀다. '액체 괴물, 슬라임'처럼 쫀득한 물체를 만지는 촉감이나 질퍽한 질감을 보여주는 영상들은 사람의 신체 반응을 유도한다.

유튜브에서 나타나는 쾌감 반응의 이유를 쉽게 정의하기는 어렵다. 그러나 우리가 반복해서 보게 만드는 중독성이 있는 것만은 분명하다. 감정적 쾌감 반응을 일으키는 콘셉트의 채널들은 대부분 많은 구독자 수를 보유하고 있다. 당신이 기획하고 있는 유튜브 채널은 사람들의 어떤 '반응'을 일으킬 수 있는가.

5. 제5 법칙 : 킬러 콘텐츠를 지속 생산하라

가수 윤종신 씨는 '월간 윤종신'을 통해 매달 1곡씩 앨범을 발표했다. 처음에는 이 콘셉트가 사람들에게 큰 관심을 받지 못했다. 그러다 어느 날 「좋니」라는 곡 하나로 대박이 났다. 매월 꾸준히 앨범을 냈더니 그중 하나가 반응을 얻은 것이다. 유튜브 채널도 이렇게 운영해야 한다.

이 책에서 제시하는 유튜브 성공 법칙 5가지를 토대로 꾸준히 하다 보면 조회 수 대박을 터뜨리는 영상이 분명 나올 것이다. 대박을 터뜨리는 그 영상은 바로 구독자를 끌어들이는 '킬러 콘텐츠'다. 킬러 콘텐츠를 발견했다면 유사한 콘셉트의 영상을 꾸준히 생산해야 한다. 그래야 구독자 수가 빠르게 성장할 수 있다.

대형 유튜버들의 구독자 수는 처음에는 미미했지만, 킬러 콘텐츠를 터뜨리는 시점부터 가파르게 구독자 수가 늘어나는 패턴을 그린다. 그러므로 초기 구독자 수가 적다고 낙심하지 말고, '사람들의 관심사'에 집중해서 여러 영상을 올려 보자. 수십만 이상의 조회 수가 터지는 킬러 콘텐츠를 만나는 날이 오게 되고, 그때부터 구독자 수의 본격적 상승이 시작될 것이다.

많은 구독자를 확보한 대형 채널들의 초기 영상들을 보면 킬러 콘텐츠가 무엇이었는지 힌트를 얻을 수 있다. 벤치마킹할 만한 채널들을 찾아서 초기 영상 중 조회 수가 갑자기 폭발한 콘텐츠를 파악해 보자. 킬러 콘텐츠를 찾다 보면 구독자 수 증가에 대한 아이디어를 얻을 수 있을 것이다.

예를 들어, 유머 콘셉트를 가진 대형 채널 중 구독자 수 100만 명이 넘는 '급식왕'이라는 채널이 있다. 초중고 학생들을 타깃으로 한 이 채널에서 초기에 올린 영상 중 갑자기 조회 수가 '팡' 터진 것이 있는데 그것은 '학교 수업 뺄 수 있는 꿀팁'이라는 영상이다. '학교 수업 빼먹는 방법'은 네이버나 구글 트렌드 등에서 나타나지 않는 희귀한 주제다. 소위 '유튜브에서만 먹히는 주제'라는 것을 알 수 있다. 이런 식으로 타 채널의 킬러 콘텐츠를 찾아서 목록을 만들고 하나씩 자신의 영상에 적용하다 보면 큰 효과를 얻을 수 있을 것이다.

3단계 : PDF 전자책 만들기

여기서 PDF 전자책은 인터넷 서점에서 구입할 수 있는 'e-Book'을 의미하지 않는다. PDF 전자책이란, 당신이 가진 아이디어나 노하우 수준의 글을 워드 또는 한글 프로그램으로 10~30페이지 분량으로 제작해 만든 것을 의미한다.

PDF 전자책 지식 비즈니스를 본격적으로 진행하면 그 상품이 시장에서 통하는지, 즉 상품성을 알아볼 수 있다. 또 PDF 전자책 판매는 작은 성공을 기반으로 향후 지식 비즈니스를 발전시키기 위한 동기 부여에 도움이 된다.

PDF 전자책 출간 vs. 종이 도서 출간

종이 도서의 출간은 전국 서점을 대상으로 실물을 제공할 뿐 아니라 홍보 및 마케팅에 있어서 규모가 매우 크며, 출판사와 정식으로 계약하는 작업이기 때문에 여러모로 부담이 있다.

이와 달리 PDF 전자책은 출판 편집이나 인쇄 과정이 생략되어 출간되기까지 시간도 10분의 1이 안 되어 부담이 적다. 에너지 투입 대비 수익률 측면에서도 PDF 전자책은 30페이지 안팎인데 일반 종이 도서와 비슷한 가격대(1~3만 원대)를 형성한다. 종이 도서의 인세가 7~10%인 것을 고려하면 비율로만 따졌을 때 PDF 전자책의 수익률이 우세하다.

최근 책 쓰기에 관심이 쏠리면서 종이 도서 출간 경쟁은 매우 치열해지고 있다. 중견 규모 이상의 출판사들은 하루 수십 건의 원고가 들어와 매일 원고를 검토하는 것만으로도 상당한 시간을 쓰고 있다. 출판사 입장에서는 원고 채택을 쉽게 결정할 수 없다. 신간 출간 후 연간 1만 부 이상 판매하지 않으면 손해를 떠안기 때문이다. 그러니 종이 도서를 출간하는 출판사 입장에서 아무 원고나 받아들일 수 없는 노릇이다. 출판사는 한 달에 수백 건이 넘는 투고 원고 중 옥석 가리기를 통해 원고를 선정한 뒤 도서 출간 작업을 하게 된다. 원고 채택 과정에서 경쟁은 매우 치열하다. 나 역시 책 쓰는 작가 입장에서 이러한 경쟁 양상이 점점 심화하고 있음을 느낀다. 결론적으로 당신이 아무리 좋은 아이디어를 제시하더라도 그것이 실제 종이 도서로 출간될 확률은 낮다.

그러면 어떻게 해야 할까? 일단 가능성 있는 곳에서 시작하자. PDF 전자책이라는 소규모 시장에서 작은 성공을 거둠으로써 큰 시장으로 점차 진출하는 전략을 쓰는 것이다. 소규모 고객을 대상으로 PDF 전자책을 만들어 판매하고 그 시장에서 작은 성공을 거둔 후 그것을 기반으로 종이 도서나 강연 등 본격적인 지식 비즈니스로 진출하는 것이다.

팔기 전에 고객 반응을 보는 법

성공하려면 무조건 팔리는 서비스를 해야 한다. 팔리는 서비스란, 고객이 필요로 하는 서비스를 제공하는 것이다.

지식 상품의 기획 단계에서 가장 중요한 것은 해당 상품이 고객 욕구를 만족하고 있는지 반응을 보는 것이다. 아무리 좋은 서비스 상품이라도 고객의 호응이나 반응이 없다면 무용지물이다. 본격적인 지식 비즈니스를 시작하기에 앞서 고객으로부터 반응이 오는 상품인지를 파악할 수 있어야 한다.

PDF 전자책 판매는 고객 반응을 테스트해 볼 수 있는 좋은 도구다. 방법은 여러 개 주제로 테스트하듯 PDF 전자책을 판매하는 것이다. 예를 들어, 3종의 PDF 전자책 상품을 지식 마켓에 올린다. 그리고 가장 반응이 좋은 것을 주력 상품으로 한다(PDF 전자책을 만들고 판매하는 비용은 모두 무료다).

만약 당신의 PDF 전자책이 판매되지 않고 호응을 얻지 못했다면 어떻게 해야 하는가? 해당 아이템을 과감히 버리고 다른 아이템을 찾으면 된다. 반대로 고객으로부터 좋은 반응이 온다면 해당 아이템은 개선을 통해 정식 상품으로 만들 가능성이 있다. 고객의 피드백을 통해 부족한 부분을 보완하면 훌륭한 아이템이 될 수 있으므로 PDF 전자책 판매 테스트를 반복해서 고객 반응을 살피도록 한다.

PDF 전자책 판매를 할 때는 '처음이니까 신중하게 하자!'라는 태도보다 실험적인 자세로 접근하는 것이 좋다. PDF 전자책은 상품을 제작하는 데 비용이 들지 않으므로 해 볼 만한 주제가 생각났다면 일단 샘플을 만들어서 고객의 반응을 살피자. 내 상품에 대한 고객의 욕구가 적극적이라고 판단되면 그것을 토대로 본 상품(종이 도서·강연)을 개발해 본격적인 수익화 단계로 넘어갈 수 있다.

PDF 전자책은 되도록 가볍게 만들되 다양한 상품을 만든 후 고객 반응이 좋은 것만을 선별해 잘 팔릴 만한 아이템에 주력해야 한다. 최종적으로 선별된 PDF 전자책은 계속 업데이트하면서 완성도를 높여 나간다.

기존 사업 방식	인디펜던트 워커의 사업 방식
사전 조사 ↓ 상품 완성 ↓ 판매	테스트 상품(PDF) 제작 ←┐ ↓ 고객 반응 살피기　　No ↓ 피드백 반영(개선) ─┘ ↓ Yes 본 상품 완성(종이 도서, 강연 등) ↓ 판매 & 수익화
실패 가능성 높음 실패 시 재고 처리 곤란	성공 가능성 높음 실패 시 경제적 손실 없음

팔리는 상품과 팔리지 않는 상품의 차이는 고객의 필요가 얼마나 큰가로 판가름난다는 것을 잊지 말자. 팔리는 PDF 전자책을 만들기 위해서는 당신이 원하는 것이 아니라, 고객이 원하는 것을 만들어야 한다.

PDF 전자책으로 월 30만 원 벌기

PDF 전자책을 팔 수 있는 대표적인 지식 마켓은 크몽과 탈잉이다. 이 두 개의 지식 마켓이 현재까지 우리나라에서 가장 대중적이다.

크몽의 경우 프리랜서 방식의 작업 의뢰에 특화되어 있으며, PDF 전자책의 판매 비중은 약 20~25%를 차지한다. 탈잉은 재능 판매에 특화되어 있고 별도의 '튜터 전자책' 판매 공간을 구분해 놓고 있으며 PDF 전자책의 비중은 30~35%이다. 크몽과 탈잉은 PDF 전자책을 원하는 고객이 검색을 통해 쉽게 찾을 수 있도록 해 놓았다. 지식 마켓에서 팔리고 있는 PDF 전자책 유형은 다음과 같이 가벼운 주제부터 전문적인 내용까지 다양하다.

- 글씨 예쁘고 쉽게 쓰는 비법 (18,000원)
- 이직할 때 연봉 30% 올리는 매뉴얼(15,000원)
- 애드센스 수익형 블로그로 수익내는 노하우 (13,000원)
- 무자본으로 제2 월급 만드는 구매 대행 노하우 (12,000원)
- 디지털노마드 처음 시작하는 사람들 시간 줄이는 방법 (18,000원)
- 10일 만에 팔로워 1,000명 만드는 인스타그램 노하우 (20,000원)
- 직장에서 해방되는 사업 아이디어 (33,000원)
- 블로그 알고리즘 없이 체험단 홍보하는 방법 (30,000원)

현재 지식 마켓에는 '글씨 쓰는 법'이나 '직장 생활 노하우'와 같이 실생활과 연관된 가벼운 주제를 다룬 전자책이 건당 2~3만 원대에 팔리고 있다. 이 외에도 다양한 PDF 상품들이 존재한다. 이처럼 당신이 가지고 있는 생활 노하우도 돈이 될 수 있다. 의외로 평범하다고 생각했던 정보도 PDF 전자책 형태의 상품이 되면 수익을 거둘수 있다.

PDF 전자책으로 30만 원 벌기. 당신도 할 수 있다. PDF 전자책 판매는 결코 어려운 일이 아니다.

나의 경우 PDF 전자책 판매 첫 달에 80만 원의 수익을 거뒀다. 현재까지 판매 수량의 변동은 있지만, 아직도 꾸준히 팔리고 있고 수익을 얻을 뿐 아니라 구독자들이 내 커뮤니티에 계속 유입되는 부가적인 이익을 얻고 있다.

PDF 전자책은 왜 팔릴까?

PDF 전자책은 한번 만들어 놓으면 시간 투입이 거의 없는 소극적 소득원이다. 지식 마켓에서 PDF 전자책 주문을 확인하고 발송하는데 쓰는 시간은 1~2분 정도다. 고객으로부터 구매 요청이 오면 승인해 주고, 이메일을 통해 PDF 파일을 발송하면 끝이다.

수십만 원 이상의 월수익을 가져다주는 PDF 전자책을 만드는 데 얼마나 걸릴까? 나의 경우 PDF 전자책 한 권 제작에 소요된 시간은 단 3일. 비용 투입은 전혀 없다. 단 3일의 시간 투자로 웬만한 오피스텔 월세 수익 정도가 들어온다. 지속적인 수익 창출 파이프라인을 갖게 된 것이다.

지식 마켓마다 수수료율이 다르지만 PDF 전자책 판매로는 한 건당 평균 5,000원에서 8,000원 정도의 수익이 떨어진다. 수익 정산은 즉각적으로 이뤄지므로 투자액 회수는 빠른 편이다.

사람들은 왜 신뢰도 높은 종이 도서가 아닌 PDF 전자책을 구입하는 걸까? 그 이유는 PDF 전자책에 지금 당장 써먹을 수 있는 실용적 노하우가 담겨 있기 때문이다.

일반 서점에서 판매하는 종이 도서의 내용 대부분은 A4 용지 기준 20페이지 이내로 정리가 가능하다. 그것을 200페이지 이상의 그럴듯한 책으로 만들기 위해서는 다양한 통계 자료와 증빙 사례, 주장 등을 덧붙여야 한다. 결국 종이 도서가 얘기하는 핵심 내용은 20%이고, 나머지 80%는 그것을 뒷받침하기 위한 부수적 내용이다.

반면 PDF 전자책에는 군더더기가 없다. PDF 전자책을 보면 사족을 붙이지 않고 본론으로 들어가 실질적 노하우를 얻을 수 있다는 큰 장점이 있다. 물론 PDF 전자책의 저자는 전문 작가가 아니기 때문에 표현이 거칠거나 다소 어색한 문장이 있을 수는 있지만, 오히려 그점이 일반 대중에게는 실전적 노하우로 느껴진다. 그러므로 아마추어인 당신도 PDF 전자책을 만들 수 있다.

잘 팔리는 PDF 전자책의 차별화 전략

잘 팔리는 PDF 전자책들은 공통점이 있다. 그들은 내용 업데이트를 꾸준히 하며 업데이트했다는 사실을 대중들에게 많이 노출한다. 이는 그들의 PDF 전자책이 최신 내용을 담고 있으며, 고객 피드백을 지속해서 반영하고 있음을 보여준다. 더 나아가 업데이트 사실을 공개함으로써 고객과의 신뢰를 중요시하고 있다는 점을 부각시킨다.

- A : 무자본으로 제2의 월급을 만드는 구매 대행 노하우
- B : 무자본으로 제2의 월급을 만드는 구매 대행 노하우 V.07

  (20XX. 7. 31. 최신 업데이트 + 관련법 개정안 추가)

위의 A와 B 둘 중 어느 제목에 더 끌리는가? B의 제목에는 최신 업데이트 내용이 담겨 있기 때문에 신뢰를 얻을 가능성이 높다. 이처럼 고객에게 신뢰성을 어필하면 선택될 확률이 더 높다. 사람들은 이왕이면 최신 정보가 반영된 것을 선호한다. 음식도 금방 만든 것이 맛있듯 지식 서비스도 최신 업데이트된 것을 선호한다. 참고로, PDF 전자책의 업데이트 내용을 기재할 때는 현재까지 어떻게 변화되어 왔는지를 적어 주는 것도 신뢰도를 높이는 데 효과가 있다.

다음과 같이 업데이트 현황을 기재하면 된다.

- 업데이트 현황을 기재한 예
- 2018년 3월 7일 첫 지식마켓 서비스 판매
- 2018년 9월 16일 누적 거래 100부 돌파
- 2019년 6월 14일 강연 중 자주 묻는 질문 및 중요 포인트 추가
- 2019년 11월 5일 알고리즘 변경으로 인한 플랫폼 우회 노하우
- 2019년 12월 20일 누적 거래 500부 돌파
- 2020년 6월 7일 상급자를 위한 고급 버전 PDF 전자책 추가 런칭
- 2020년 7월 10일 페이스북 연동 타기팅할 수 있는 ~

이 외에도 잘 팔리는 PDF 전자책은 100% 환불 보장이나 후기 이벤트와 같은 마케팅 전략을 활용하는 경우를 볼 수 있다. 이들은 환불 보장이나 후기 이벤트를 활용해 판매를 촉발시켰다.

- 환불보장이나 후기 이벤트를 활용한 예
- 업데이트된 ○○○ 추가 자료는 구매 고객에 한하여 요청 시 무료 제공합니다.
- 후기를 남겨 주신 분 중 한 분을 추첨하여 1:1 컨설팅을 진행해 드립니다.
- 후기를 남겨 주신 분들에게 ○○할 수 있는 ○○○ 자료를 드립니다.
- 내용의 불만족으로 취소 요청하시면 100% 환불 가능합니다.

Tip. 난처한 고객 상대하는 법

간혹 불필요한 내용으로 끊임없이 질의하거나 구매하지 않으면서 귀찮게만 하는 고객이 있다. 그럴 때 그들에게 질질 끌려다녀서는 안 된다.

친절히 응대하되 필요한 답변만 간략히 하고, 다른 일정으로 인해 계속 응대가 어렵다고 얘기하자.

불필요한 얘기를 늘어놓는 고객이나 악의적으로 괴롭히려는 의도를 가진 사람들을 일일이 상대할 필요는 없다.

4단계 : 책 쓰기와 강연

이번 단계에서 당신이 배워야 할 것은 책 쓰기다. 과거와 비교해 책을 직접 구입해서 읽는 사람들은 현저하게 줄어들었다. 그렇다 해도 마케팅적 관점에서 자신의 이름으로 된 저서는 있어야 한다. 지식 비즈니스에서 자기 이름이 박힌 책을 갖는 것은 생존을 위해 가져야 할 필수적 도구다.

'더블유인사이츠'의 김미경 대표, '공병호연구소'의 공병호 박사, '실천경영연구소'의 백금기 소장, 이들은 매년 꾸준히 책을 출간하고 있는데 이렇게 끊임없이 책을 집필하는 이유가 뭘까? 이들은 매년 다양한 기업들로부터 강연 요청을 받을 때, 매번 업체 관계자들로부터 강연 주제에 맞는 저서가 있는지에 대한 질문을 받는다고 한다. 강연에 관련된 저서가 없으면 강사 활동이 어렵다는 것을 반증하는 것이다. 그렇다면 종이 도서 출간에는 어떤 장점이 있는 걸까? 책을 써서 좋은 점은 크게 4가지가 있다.

- 전문가로 인식된다.
- 사람들로부터 존경받는다.
- 24시간 쉬지 않는 영업사원을 갖게 된다.
- 지식 비즈니스를 할 수 있다.

책을 쓰면 전문가로 인식된다

지금은 학력이나 자격증보다 경험과 퍼포먼스가 우선하는 시대다. 학력이나 자격증을 중시하는 비중은 점차 줄어들고 있다. 경험과 지식이 비록 작거나 짧더라도 상관없다. 작은 경험이라도 책을 써서 세상에 드러내고 알리면 전문가로 인식될 것이다. 책을 쓴다는 것은 나의 경험과 노하우를 세상에 드러내는 것이다. 책을 읽은 독자들은 저자에게 신뢰를 갖는다. 세상이 나를 전문가로 인식하는 것이다. 이는 궁극적으로 지식 비즈니스의 수익 창출로 귀결된다.

책은 쉬지 않고 일하는 나만의 영업 사원이다. 책 속에는 자신이 겪은 문제와 해결책 등 삶에서 얻은 나만의 노하우가 담겨 있다. 내가 쓴 책을 통해 사람들은 감동과 지식, 깨달음을 얻는다. 책을 읽은 독자들은 자연스럽게 저자에게 관심을 갖게 되며 저자의 팬이 된다.

일반 상품 판매에 있어서 한 사람을 설득하기 위해 얼마나 많은 시간과 노력이 필요할지 생각해 보라. 밥솥 하나를 팔기 위해 기업들은 광고를 비롯한 다양한 방식으로 고객을 설득한다. 그런데 책을 써 놓으면 어떤가. 이러한 설득의 과정이 생략된다. 내가 노력하지 않아도 책을 통해 알아서 설득되는 것이다. 책을 통해 설득의 자동화가 이뤄진다. 독자들은 저자에 대한 신뢰를 갖게 되며, 저자가 운영하는 지식 비즈니스에 대한 구매 욕구로 이어진다.

또한 책의 내용이나 판매량을 불문하고 책을 썼다는 자체만으로 주변 사람들에게 존중을 받는다. 책 쓰기는 시간 부족, 환경의 불리함을 극복하는 과정이다. 책을 썼다는 것은 대내외적인 심리적 장벽을 깨뜨렸다는 의미다. 책을 썼다는 것은 오랜 시간 하나의 결과물을 만들어 냈다는 인내의 증거다. 게다가 출판사와 정식으로 계약을 맺어 기획 출간을 하는 경우에는 출판사로부터 상품 가치를 인정받았다는 증거가 된다. 이러한 이유로 책을 쓰면 타인으로부터 존중을 받는 것이다.

도서 출간은 타인에게 가치를 제공하는 가장 대표적이고 전통적인 수단이다. 모든 책은 저자가 제시하는 고유한 방식의 해결책이자, 저자의 브랜드를 알리는 무대이기도 하다.

베스트셀러 저자들은 한 권의 책으로 수많은 기업과 단체로부터 러브콜을 받는다. 책을 쓴 뒤로 이른바 '몸값'이 상승하면 회당 강연료도 훌쩍 뛰어오른다. 책을 쓰는 것은 단순히 인세를 받는 수준에서 그치지 않는다. 책을 쓰는 것은 도서 저자로서 인정받으며, 브랜드 및 몸값을 키우게 되고, 강연, 컨설팅, 세미나 등의 지식 상품을 팔 수 있는 판로를 개척하는 것이다.

초심자라면 실용서를 쓰자

책을 한 번도 써 본 적 없는 초심자가 책을 쓰기에 가장 좋은 장르는 '실용서'다. 실용서는 빠르게 전문가 영역으로 포지셔닝할 수 있는 장르다. 예를 들어, '말레이시아에서 한 달 살기'라는 주제로 생각해 보자. 여행을 준비하는 과정, 티켓 싸게 사는 방법, 현지 생활 노하우, 현지 생활의 장단점 등을 정리하면 훌륭한 실용서가 될 수 있다. 해외 생활 3개월 정도의 경험이면 이러한 실용서 한 권 정도는 충분히 만들어 낼 수 있다.

짧은 기간이라도 생생한 경험담을 담아 실용적인 노하우를 제공한다면 관련 분야의 지식 전문가로 나갈 발판을 마련할 수 있다. 실용서는 철저히 저자의 경험으로 이뤄져 있기 때문이다. 한정된 주제에 좀 더 구체적인 방법을 제시할 수 있고, 저자의 주관을 기반으로 하므로 개성 있는 이야기를 담을 수 있다.

출판사 입장에서도 실용서는 리스크를 최소화하고 적정 판매고를 확보할 수 있는 장르다. 특히 중견 출판사들은 실용적 노하우를 다루는 책을 선호한다. 그 이유는 예상 구독자층이 확실하기 때문이다. 자기계발이나 경제경영서와 같이 보편적인 주제를 다루는 서적의 경우 일부 대형 출판사들이 독식하는 경우가 많다. 그러므로 초심자가 첫 출간을 하려면, 보편적 주제로 치열한 경쟁을 하는 것보다 구체적인 실용적 노하우를 다루는 것이 성공 가능성이 높다.

내 첫 책 역시 실용서다. 출판사에서 초심자였던 나의 원고를 선택한 이유는 예상 구독자층이 확실하기에 책을 내놨을 때 타 출판사 대비 경쟁력을 가진다고 판단했기 때문이다. 이것은 적중했고, 내 책은 출간한 지 2개월 만에 2,000부가 팔리고 곧장 2쇄를 찍었다. 이것은 초심자였던 나에게 깜짝 놀랄 일이었다. 이것이 실용서가 가진 힘이다.

실용서는 특정한 분야에 있어서 자신만의 독특한 경험과 실제적인 노하우를 담을 수 있다. 다루고 싶은 분야가 비록 좁은 범위의 주제라 하더라도 관심 있는 독자층은 분명히 있다. 그러므로 초심자인 당신도 실용서로 첫 책을 내길 바란다. 당신이 가진 고유의 영역에서 개성 있는 노하우가 담긴 책이 출간된다면, 그 영역에 관심 있는 사람들로부터 생각보다 빠르게 반응이 올 것이다.

원고를 빠르게 완성하는 비결

책 한 권 분량의 원고를 쓴다는 것은 쉽지 않은 일이다. 원고 쓰는 기간은 적게 잡아도 최소 3개월 이상 걸린다. 사람에 따라 1년 이상 걸리는 경우도 있다. 책을 쓰려고 마음먹고 원고를 쓰다 중간에 전체적인 틀이 완전히 바뀌기도 한다. 지쳐 포기하거나 너무 오래 지연되어 아예 손을 놓는 경우도 있다.

어떻게 해야 포기하지 않고 도서 원고를 비교적 빠르고 쉽게 완성할 수 있을까? 초심자의 경우 책 한 권을 쓰겠다는 원대한 목표보다는 30페이지 이내의 PDF 전자책 형태로 내용을 정리한다는 자세로 시작하는 것이 좋다.

물론 쉬운 길은 없다. 원고 쓰는 일은 지루하고 고된 일이지만, 그나마 최대한 빠르고 쉽게 원고를 완성할 수 있는 나만의 팁은 다음과 같다. 우선 200자 원고지 기준으로 500매 정도면 보통 200~220페이지 정도 되는 한 권의 도서 원고가 된다. '한글' 프로그램에서 '문서 정보'를 확인하면 자신의 글이 200자 원고지로 몇 매 정도의 분량인지 확인할 수 있으니 원고 쓸 때 참고하도록 하자.

처음 원고를 시작할 때는 뼈대에 해당하는 목차를 만들어야 한다. 우선 Part 3의 '1단계 : 아이템 선정'에 있는 메뉴화의 '커리큘럼' 목록을 참조해 목차를 만들어 보자. 목차를 완성시키는 좋은 방법은 다른 책의 목차를 벤치마킹하는 것이다. 시중에 나와 있는 경쟁 서적들의 목차를 검색해 보자. 잘 썼다고 생각되는 책을 하나 고르고, 그 책의 목차를 벤치마킹해 나만의 스타일로 정리하는 것이다. 문구를 조금씩 내 스타일로 수정하면 그럴싸한 목차가 완성된다. 예를 들어, 다음과 같이 한다.

- A 서적 : 버블이 붕괴되는 몇 가지 신호

  수정안 : 경제 하락기에 나타나는 3가지 증상
- B 서적 : 돈을 위해 일하지 말고 교훈을 얻기 위해 일하라

  수정안 : 돈이 아니라 깨달음을 주는 사람이 되라

이런 식으로 벤치마킹하여 목차를 완성한다. 목차가 완성된 다음에는 각 목차별로 원고를 작성해야 한다. 방법은 목차에 따라 A4 용지 기준으로 3~4페이지 분량의 원고를 만들어 매일 블로그에 포스팅한다. 이렇게 2~3개월 정도 꾸준히 포스팅하면 도서 한 권 분량의 원고가 완성된다. 원고를 쓰는 데 블로그를 활용하면 비교적 손쉽고 빠르게 원고를 쓸 수 있다. 이유는 다음과 같다.

- 가장 접근하기 쉬운 도구이기 때문이다.
- 원고 작성과 함께 블로그도 활성화되기 때문이다.
- 취미생활처럼 하다 보면 단시간에 원고를 완성할 수 있다.

나 역시 이 방법으로 블로그를 채워 나가면서 3개월 만에 원고를 완성했다. 주의해야 할 것은 섣불리 블로그 상위 노출에 욕심을 내지 않는 것이다. 블로그 반응에 과도한 욕심을 내면 원고의 완성도와 방향성을 해칠 수 있다.

지식 서비스의 끝은 강연이다

강연은 지식 기반 수익 창출의 끝판왕이다. 강연을 잘하는 사람일수록 시간 대비 생산성 높은 수익을 창출해 낼 수 있다. 만약 당신이 지식 비즈니스를 하기로 마음먹었다면 강연에 대한 노하우를 익혀야 한다.

강연에서 가장 중요한 요소는 무엇일까? 외모? 말투? 수년간의 경험으로 비추어 볼 때 강사가 '강연장 분위기'를 어떻게 연출하느냐는 상당히 중요하다. 강사는 무대의 주인공이다. 따라서 강사가 어떻게 하느냐에 따라 강연 분위기가 달라진다. 오프라인뿐 아니라 온라인 강연에도 강사가 만들어 내는 특유의 분위기가 있다.

강연에서 가장 좋은 분위기는 뭘까? 청중의 관심이 모두 강사에게 집중되고 있는 상태다. 좋은 강연은 청중을 집중하게 만든다. 좋은 강연을 듣는 청중은 강사의 말 한마디를 놓치지 않기 위해 노력한다. 그러면 어떻게 해야 이처럼 좋은 강연 분위기를 만들 수 있을까?

최고의 강연 분위기를 만드는 방법

세계적인 요가복 전문 기업 룰루레몬을 아는가? 캐나다에서 시작한 룰루레몬은 구멍가게로 시작한 지 10년 만에 세계적인 기업으로 발돋움했다. 룰루레몬의 성공 요인은 타기팅에 있다. 룰루레몬 창업가 칩 윌슨은 CNN 인터뷰에서 이렇게 말했다.

"룰루레몬의 타깃층은 콘도 회원권을 보유하고 있으며 여행과 유행, 운동을 좋아하는 32세 전문직 여성이다. 33세나 31세 여성은 전혀 신경 쓰지 않는다. 다른 여성들을 소외시킨다는 걱정도 하지 않았다. 모든 사람을 위한 서비스는 의미가 없다고 생각한다. 그렇게 하는 것은 어떤 누구를 위해서도 만들지 않는다는 뜻과 같기 때문이다."

타기팅의 핵심은 무엇인가? 목표로 하는 고객 범위를 최대한 좁히는 것이다. 목표 고객의 범위를 좁히면 어떻게 되는가? 목표 고객이 요구하는 욕구를 정확히 타기팅할 수 있다. 룰루레몬은 32세 전문직 여성이 요구하는 정확한 필요를 맞춤으로써 고객을 열광하게 했고, 이는 일부 고객에서 그치지 않고 결과적으로 고객층의 대중화를 가져왔다.

대부분의 초심자는 타깃 고객의 범위를 좁히는 것에 두려움을 갖는다. 최대한 많은 사람들을 공략하고 싶은 마음은 이해한다. 그러나 목표 고객의 범위를 좁혀야 성공할 수 있다. 범위를 좁혀서 사람들이 찾지 않으면 어쩌지? 하는 걱정은 내려놓자. 오히려 고객을 차별하고 다른 고객들을 소외시킬수록 당신의 가치는 높아지고 성공 확률은 높아질 것이다.

다수가 아닌 소수를 목표 고객으로 삼아라. 소수 집단에 필요한 유일한 한 사람이 되는 것이다. 그러기 위해서는 기획 단계에서 타깃의 범위를 세분화하는 것이 필수다.

다음과 같이 고객의 상황이나 조건에 따라 타깃을 좁힐 수 있다.

- 나이 제한 : 마흔에 읽는 손자병법, 서른 살이 심리학에게 묻다, 90년생이 온다
- 지역 제한 : 강남맘, 목동맘, 경기맘, 수원맘
- 상황 제한 : 출산 후 다이어트, 퇴직 이후 뭐할까, 모쏠을 위한 성공 연애 필살기
- 취미 제한 : 이모티콘 만들고 싶은 사람들, 카툰으로 배우는 영어 회화, 대학생 K팝 댄스
- 재테크 : 앱으로 돈 버는 방법, 인스타그램 마케팅, 스마트스토어로 돈 버는 노하우, 주식&부동산 투자 노하우

다시 말하지만, 타깃 범위를 좁혀야 강연 분위기가 고조될 수 있다. 왜일까? 명확한 하나의 목표를 가진 이들만 모이기 때문이다. 소수의 고객이 요구하는 명확한 해결책을 제시할 때 강연 분위기가 고

조된다는 것을 명심하자.

초심자들은 '모든 사람을 대상으로 최대한 많이!'라는 원대한 목표를 갖는다. 하지만 과도한 욕심은 내려놓자. '최대한 많은 고객을 대상으로!'라는 생각은 누구에게도 도움이 되지 않는다.' 화살은 과녁의 가운데 동그라미에 꽂혀야 10점 만점이 된다. 타깃 고객의 범위를 최대한 좁혀야 성공할 수 있다.

강사의 매력을 발산하라

강연 분위기를 안 좋게 만드는데는 여러 가지 이유가 있지만, 가장 피해야 할 것은 강사가 완벽한 모습을 보이려 하는 것이다. 완벽해 보이려고 하면 할수록 매력을 보여주지 못한다. 강사 자신의 인간적인 모습을 스스럼없이 보여줘야 매력이 드러난다.

흔히 전문가들이 강연할 때 하는 실수는 일방적인 주입식 강연이다. 일방적인 주입식 분위기의 강연은 청중의 공감을 얻지 못한다. 청중은 단순한 정보의 나열을 원치 않는다. 그들이 원하는 것은 감정적인 공감과 동기 부여다.

청중이 강사에 대한 인간적 매력을 느끼지 못하면, 수익으로 이어질 수 없다. 입장 바꿔 생각해 보라. 강사에 대한 인간적 끌림이 없는데 어찌 금전 거래를 할 수 있단 말인가?

또 한 가지 기억해야 할 것은, 청중이 '나도 할 수 있다!'라고 생각하게 만드는 것이다. '나는 도저히 할 수 없을 것 같아…'라는 의문을 품게 한다면 좋은 강연이 아니다. '좋은 내용이지만 나에게는 맞지 않아…'라고 생각하면 강연 분위기가 흐려지고, 구매 전환율도 떨어지게 된다.

그러면 어떻게 해야 청중으로 하여금 '나도 할 수 있다!'라는 생각이 들 수 있을까? 이전에 언급한 '이미지화'를 적극 활용하자. 청중의 머릿속에 성공한 자신의 이미지가 떠오르게 하는 것이다.

'이 강연을 듣고 나면, 나도 할 수 있을 것 같아!'

강연 후 얻을 수 있는 자신의 미래 모습을 이미지를 떠오르게 하면, '나도 할 수 있다는 자신감'을 줄 수 있다.

롱런하기 위한 전문가 포지셔닝 기술

전문가로 포지셔닝하기 위해 필요한 2가지는 '진단'과 '처방'이다. 쉬운 예로, 의사는 건강 문제를 해결해 주는 전문가다. 의사가 하는 일은 무엇인가? 그들은 환자 상태를 '진단'하고 상태에 적합한 '처방'을 내린다. 이처럼 각 분야 전문가들의 공통적인 특징은 의뢰자의 상태를 '진단'하고 거기에 맞는 '처방'을 내린다는 점이다. 고객 상태를 '진단'하고 그에 대한 '처방'을 내린다는 점에 착안하자. 프로가 아니더라도 진단과 처방을 함으로써 의사와 같은 전문가 포지셔닝이 가능하다고 볼 수 있다.

"자, 줄을 당기는 것이 때로는 죄책감이 들 수 있어요. 줄 당기는 것이 엄청난 죄를 짓는다고 생각하는데, 그것은 개를 진정 사랑하는 것이 아니에요. 제가 왜 보호자들에게 파양(입양 관계를 포기)하라고 하는지 아세요? 개들을 사랑한다고 말하면서 정작 움직이지 않고, 실천하지 않는 보호자들 때문이에요. 개를 올바로 키우려면 책임을 지고 보호자로서 해야 할 일을 해야죠."

TV 프로그램 「개는 훌륭하다」에 출연했던 동물 훈련사 강형욱의 이야기다. 동물 훈련사를 전문가의 수준으로 끌어올린 그는 자신만의 명확한 기준을 토대로 의뢰자의 상태를 '진단'하고 문제 해결을 위한 '처방'을 내린다. 즉, 상태를 '진단'하고 상태에 따른 해결책을 '처방'함으로써 전문가로서 자리 잡을 수 있다.

만약 '하체 비만 전문 다이어트'라는 지식 비즈니스를 다룬다고 가정해 보자. 어떻게 하면 전문가 포지셔닝을 할 수 있을까? 고객에게 왜 하체 비만이 유발되는지 고객의 체형과 식습관을 보고 상태를 '진단'한다. 혈액 순환이라든지, 식습관 등의 문제에 관해 원인을 지적하고 어떻게 식단을 꾸려야 하는지, 운동은 어떻게 해야 하는지를 '처방'할 수 있다.

이 책의 주제인 '인디펜던트 워커'는 아무런 대책 없이 직장에만 올인할 때 생길 수 있는 문제를 지적하고 '진단'한다. 디지털 전환과 퇴직 이후를 준비하기 위해 지식 비즈니스를 기반으로 독립적인 수익원을 창출하도록 '처방'한다.

'진단'과 '처방'은 프로 전문가만 하는 것이 아니면, 누구나 마음먹으면 할 수 있다. 진단과 처방이라는 방법을 통해 우리는 고객으로부터 신뢰를 얻는다. 이를 통해 전문가 포지셔닝을 할 수 있고 고객과의 관계에서 대화가 통하는 상황을 만들 수 있다. 진단과 처방으로 청중을 이끄는 위치를 선점함으로써 강연 분위기가 고취되는 효과가 나타난다.

− 메이크업 전문 서비스의 진단과 처방
• 진단 : 눈, 코, 입을 하나씩 놓고 봤을 때는 예쁜데 화장을 해 놓고 보면 왜 어울리지 않을까요? 그것은 자신의 스타일이 웜톤인지 쿨톤인지 모르거나 어떤 메이크업 스타일이 어울리는지 모르기 때문입니다.
• 처방 : 자기 얼굴의 장점과 단점을 명확히 캐치해서 장점은 살리고 단점을 눈에 띄지 않게 해 주어야 합니다. 이 강연은 이런 부분들이 고민인 분들에게 도움이 되는 과정입니다.

− 자세 교정 전문 서비스의 진단과 처방
• 진단 : 다이어트에 성공해도 내 몸이 이상하게 마음에 들지 않는 이유는 무엇일까요? 또 이런 분들이 평소 주변에서 허리 좀

펴라, 등 좀 펴라 하는 소리를 자주 듣는 이유는 평소 자세에
문제가 있기 때문입니다.

- 처방 : 흐트러진 자세와 걸음걸이는 신체 균형을 망치는 원인
  입니다. 이 과정을 통해 바른 자세와 바르게 걷는 방법을 배움
  으로써 자신의 몸 건강을 회복할 수 있을 것입니다.

진단과 처방을 내림으로써 전문가의 포지션을 취할 수 있다. 지식
비즈니스를 성공적으로 하고 싶다면 고객 상태를 진단하고 자신만
의 방법으로 처방하여 전문가 포지션을 획득하자.

PART 4

부와 성공을 위한
마인드셋

타인 지향적 마인드는 성공 전략이다

지식 비즈니스로 성공하려면 반드시 타인 지향적 마인드를 가져야 한다. 타인 지향적 마인드란, 타인에게 친절한 태도로 대하는 것이며 궁극적으로 타인이 잘되는 것을 바라고 그것을 진심으로 기뻐하는 마음 자세다.

어떤 업종에 있든지 타인 지향적 마인드를 갖고 일하는 사람들은 성공할 가능성이 크다. 타인 지향적 마인드를 가진 사람들은 타인의 성공을 기반으로 자신의 성공을 도모한다. 즉, 타인의 성공을 우선시하는 사람에게 언제나 성공이 따라온다.

타인 지향적 마인드를 가진 사람들은 일하는 방식이 다르다. 예를 들어, 볼펜을 판다고 가정해 보자. 평범한 사람이라면 매장에 볼펜을 전시한 후 사람들이 오면 볼펜을 제공하고 돈을 받는 게 전부라고 생각한다. 이것은 평범한 사람들이 볼펜 파는 방법이다. 타인 지향적 마인드를 가진 사람이라면 어떨까? 우선 판매하기 전부터 고객을 만날 생각에 기분이 들뜬다. 고객들이 예쁜 볼펜을 보면서 좋아하고, 그것으로 즐거워하는 모습을 보면 덩달아 행복한 감정을 느끼며, 그 감정을 표현한다. 타인 지향적 마인드의 사람은 상품만 주는 것이 아니라 긍정적인 감정을 고객에게 전달한다.

상품 판매는 단순히 상품을 공급하는 것이 다가 아니다. 판매 전, 중, 후 과정에서 긍정적인 감정을 전달하는 것이 타인 지향적 마인드의 핵심이다.

이와 같은 이유로 타인 지향적 마인드를 충만히 가진 사람들은 자연스레 인기를 얻게 된다. 타인 지향적 마인드를 가진 사람들은 주변 사람들로부터 응원을 받는다. 주변에서 자꾸 그 사람을 도와주려 하고, 성공하기를 기원하고, 그 사람에게 기운을 불어넣어 준다.

반면, 타인 지향적 마인드가 부족한 사람들은 타인에게 자기 속마음 보이기를 어색해 한다. 타인을 위하는 자신의 모습이 억지로 하는 위선 같아서 뒤로 숨는 것이다. 그러나 지식 비즈니스를 하려면, 타인에게 긍정적 감정을 표출하는 데 스스럼 없어야 한다. 타인 지향적 마인드를 충만하게 가지고 있어야만 자신의 긍정적 모습을 표출하는 것이 자연스러워진다.

'타인 지향적 마인드를 지니면, 만만하게 보이거나 쉽게 보이지 않을까?' 하고 생각할지 모르겠다. 그러나 타인 지향적 마인드를 지닌 사람들은 결코 만만한 사람들이 아니다. 타인 지향적 마인드를 지닌 사람들은 인간관계에서 우위를 점하고 태도가 당당하므로 불합리한 상황에서 오히려 단호한 거절이 가능하다. 평소 사람들에게 친절하고 따뜻한 그들은 들어주기 어려운 부탁을 받았을 때 관계 단절을 걱정하지 않고 단호히 거절할 수 있다.

 오히려 자기중심적 마인드를 지닌 사람들이 부탁을 받았을 때 온갖 변명을 대며 피하기 일쑤다. 그래서 부탁한 사람도 빈정 상하고 부탁받은 본인도 구구절절 설명하는 상황이 되니 결국 찝찝한 인간관계로 변질된다.

 지식 비즈니스로 성공하고 싶다면 타인 지향적 마인드를 지닌 사람이 되자. 타인 지향적 마인드는 관계에서 자신감이 생기고 언제나 당당하므로 선택의 기로에서 최상의 결정을 할 수 있다. 선택의 상황에서 언제나 자신에게 유리한 결정을 하게 되니 타인 지향적 마인드를 지닌 사람들이야말로 궁극적인 성공의 길로 향하게 된다.

 흔히 콩깍지가 쓰인다고 표현하는데, 타인 지향적 마인드를 지닌 사람들은 장점이 두드러지게 보이고 단점은 보이지 않는 왜곡 현상이 나타난다. 그래서 타인 지향적 마인드를 지니면 사람들로부터 좋은 말을 듣게 되고 무슨 일을 해도 칭찬을 듣게 된다. 타인 지향적 마인드를 지닌 사람은 주변 사람들로부터 응원의 기운을 받는다. 일

을 할 때 주변 사람들에게 매번 좋은 피드백을 받는 사람이라면 성
공할 수밖에 없지 않을까?

자신을 좋아하는 사람이 성공한다

타인 지향적 마인드는 성공의 필수 조건이다. 그런데 자신을 좋아하지 않으면 타인도 좋아할 수 없다. 결국 자신을 좋아하지 못하면 성공에 이를 수 없다는 게 결론이다.

자신을 소중하게 여기는 사람이 타인도 소중하게 여긴다. 자신을 진심으로 좋아하는 사람이 타인에게도 진심으로 대할 수 있다. 반면 자신을 좋아하지 않는 사람은 어떤가? 자신의 모습이 만족스럽지 않으니 타인도 곱게 볼 수 없다. 바람피우는 사람이 배우자의 외도를 의심하듯 자신에게 부정적 감정이 있는 사람은 타인에 대해서도 부정적으로 바라보는 두뇌 알고리즘을 갖는다.

어떻게 해야 자신을 좋아하는 두뇌 알고리즘을 가질 수 있을까? 아이러니하게도 타인 지향적 마인드를 지니면 자기 자신을 좋아하게 된다. 여기에는 뇌 과학적 근거가 있다. 타인에게 친절하고 따뜻하게 대하면 무의식 중 자기 자신에게 "넌 참 좋은 사람이야"라고 얘기하는 효과가 생긴다. 타인 지향적 마인드 덕분에 자신을 좋게 바라보게 되고, 자신의 부족한 점마저도 너그럽게 보게 된다.

그래서 타인 지향적 마인드를 지닌 사람들은 대부분 자신의 단점을 스스럼없이 오픈한다. 때로는 자기 단점을 웃음으로 승화시키기도 한다. 타인 지향적 마인드를 지닌 사람들에게 단점은 더 이상 치명적 약점이 아니다. 때문에 유머러스한 사람이 된다. 타인 지향적 삶을 살면 두뇌 알고리즘이 플러스 마인드로 바뀌고, 인간관계나 업무에서 긍정적인 결과를 가져와 자연스레 성공 가도를 걷게 되는 것이다.

자신을 사랑하지 못하는 사람은 의외로 많다. 원인은 대부분 어렸을 적 부모로부터 받은 영향이 크다. 나 역시 부모로부터 물려받은 불우한 감정의 어린 시절을 보냈다. 나는 열 살 때 아버님이 돌아가시고 홀어머니 밑에서 자라 경제적·정서적 결핍을 경험했다. 어릴 적에 칭찬이라고는 들어본 기억이 없을 정도로 내 자존감은 바닥이었다. 또래 친구들과 비교해 불우한 유년 시절을 보냈기 때문인지 성인이 되어 여자친구를 만나도 사회생활에서도 자존감 문제는 늘 따라다녔다. 그런데 타인 지향적 마인드의 중요성을 깨닫고 나 자신을 진심으로 좋아하게 되었다. 비로소 나 자신과 타인을 진심으로 좋아하고 응원하는 마인드를 지니게 된 것이다.

당신이 부인할지 모르겠지만 인생은 모두 자신이 일으킨 생각의 결과물이다. 당신의 친구들, 집안 분위기, 배우자의 성격, 직장 상사, 통장 잔고 등 당신 주변의 모든 것들은 당신이 스스로 불러일으킨 것이다. 이는 원인과 결과라는 아주 단순한 우주의 원리다. 그러므로 성공하고 싶다면, 절대로 남 탓을 해서는 안 된다.

다시 말하지만, 우주의 원리는 원인과 결과에서 비롯된다. 당신이 일으킨 현재 상황은 당신의 선택에서 비롯됐다. 그러므로 타인을 비판하거나 탓하지 말자. 다른 사람을 비판하거나 욕하면 곧 자신의 뇌에 욕하는 것과 같아서 분명 입 밖으로 타인을 향해 욕했는데 자신에게 욕한 것과 같은 전이 효과를 가져온다.

남 탓은 자신을 미워하게 만드는 원인이 된다. 성공을 원한다면 지금부터 모든 원인이 자신으로부터 비롯됐다는 것을 인정하자. 그리고 과거의 잘못된 선택은 뒤로 하고 현시점부터 자신을 좋아하고, 타인을 행복하게 만드는 선택을 하자.

지금부터 할 일은, 다짐하는 것이다. 현시점부터 모든 일에 있어서 타인이 행복하고 나도 행복해지는 것만을 선택하겠다고 말하라. 인생은 마치 장기판 같아서 만약 당신이 타인 지향적 사고로 전진하기만 하면 머지않아 목적지에 닿을 것이며, 자랑스럽게 "이런 내가 너무 좋다!"라고 외칠 수 있는 날이 올 것이다.

인디펜던트 워커로서 성공하고 싶은가? 자신을 사랑하지 못하게 만드는 잘못된 과거와 인연을 끊어야 한다. 과거의 것들을 과감히 버릴 수 있어야 한다. 과거로부터 이어져 온 습관, 성격, 생각, 말투, 취향, 취미, 옷 입는 스타일 등. 끊지 못한 잘못된 과거와 연관된 것이 있다면 모두 버려야 한다. 콜라가 가득 찬 병에 아무리 물을 부어도 안에 있는 콜라는 투명해지지 않는다. 가지고 있는 것을 버려야만 비로소 새로운 것을 담을 수 있는 이치다.

자신을 좋아하고 싶은가? 그러면 세상을 넓게 보자. 이 세상은 '나'라는 사람을 경영하는 하나의 비즈니스다. 자신을 바라보는 관점이 부정적이라면 '나' 경영이 잘못됐다는 뜻이다. '나'라는 회사가 좋은 방향으로 나갈 수 있도록 노력하자.

초보에서 성공에 이르는 3단계 과정

성공에 이르려면 몇 단계 과정을 거쳐야 하는데, 실제로 성공의 목적지에 이른 사람들은 대부분 아래 3단계의 과정을 거친다.

- 1단계 : 초심 단계. 아무 능력이 없는 초보자
- 2단계 : 실력 단계. 특정 분야의 실력과 경험을 갖춘 사람
- 3단계 : 운력 단계. 타인 지향적 마인드로 운을 끌어당기는 사람

1단계 : 초심자의 마음 자세

아무리 유능한 사람이라도 처음에는 초심자로 시작한다. 유능한 학자도 성공한 기업가도 모두 초심자로 시작했다. 초심자들은 자기 분야에서 부단히 노력하지 않으면 실력 단계로 올라서지 못한다. 손흥민 선수처럼 어려서부터 특정 영역의 전문 경험을 쌓는 특수한 경우를 제외하면 나이가 들어도 진학이나 취업이라는 새로운 환경에 맞닥뜨리면서 리셋, 다시 초심자의 상태가 된다.

초심자들은 사람들에게 인정받지 못하는 상태이기 때문에 말의 권위가 떨어지며, 경제적으로나 사회적으로 부당한 대우를 받기 쉽고, 몸값이 낮기 때문에 안전하지 못한 상황에 우선 배치되기도 한다. 이러한 불합리한 처우에서 하루 빨리 벗어나려면 '실력 단계'로 넘어가야 한다.

초심자가 실력 단계로 올라가려면 자신에게 주어진 환경에서 오랜 시간 지식과 경험을 쌓아야 한다. 특히 레드오션 분야라면 경쟁이 치열하므로 긴 시간을 감내해야 한다. 초심의 단계에서 가장 요구되는 자질은 '인내'다. 초심자는 자기 분야에서 유의미한 결과를 얻어야 실력 단계로 나아가는데, 그러려면 인내심을 갖고 부단히 노력하는 수밖에 없다. 물방울이 떨어져 바위에 구멍을 내듯, 관련 분야의 지식과 경험을 쌓는 데 노력하다 보면 어느새 전문가로 대접받게 될 것이다. 인내를 바탕으로 전문 지식과 경험을 쌓는 것. 이것이 초심 단계에서 실력 단계로 올라가는 유일한 방법이다.

초심자 수준을 벗어나려면, 인간관계나 업무에 이해득실을 따지지 말고 최선을 다해야 한다. 대부분의 초심자가 실력 단계로 나아가지 못하는 이유는 이해득실을 따져서 당장 자신에게 도움 되는 일이나 남의 눈에 좋아 보이는 일만 하려 하기 때문이다. 직장인이라면 직장 상사 또는 협력업체 관계자와의 사이에서 무엇이든 최선을 다하는 모습을 보여야 한다. 힘든 일도 마지않는다는 이미지를 얻고 나면 어느새 인정받는 실력의 단계로 나아가게 될 것이다.

2단계 : 전문가에 이르는 단계

2단계는 전문가라고 불리는 수준에 오른 것이다. 초심자 수준에서 인내심을 갖고 부단히 노력하여 지식과 경험을 쌓으면 실력 단계에 이른다. 전문가로 불리는 수준에 이르면 주변 여건이나 환경 조건이 개선된다. 노력한 만큼의 경제적 보상이 따르고, 때로는 원하는 일이나 조건을 선택할 수 있는 자유도 주어진다. 초심자일 때는 고객을 찾아다녔지만, 이 단계에서는 오히려 고객이 당신을 찾게 된다.

그러나 전문가 단계에 이르렀다고 만족해서는 안 된다. 이 단계에서 대부분 많은 사람이 진정한 성공으로 나아가지 못하고 정체되기 때문이다. 이들은 자격을 취득하고 학위를 따고, 전문 지식과 경험을 열심히 쌓지만 성공이라 불리는 수준으로 올라가지 못한 채 정체되고 만다. 이 단계에 이른 사람들은 그동안 해왔던 방식대로 부단히 노력하지만 그 노력이 성공으로 이끌지는 못한다. 왜 그럴까? 그 이유는 범위를 '자신의 노력'만으로 한정 짓기 때문이다. 범위를 넓혀 바깥으로부터 기운을 얻어야 성공에 이를 수 있다. 그러면 바깥의 기운은 무엇인가? 세상 사람들이 보내는 지지와 응원이다. 타인 지향적 마인드를 지닌 사람들이 성공하는 이유는 만나는 사람마다 지지하고 응원하기 때문이다.

그러므로 전문가 단계에서 더 나아가 성공 단계로 가려면 반드시 타인 지향적 마인드를 가져야 한다. 타인 지향적 마인드를 통해 주변 사람들로부터 지지를 받고 도움을 받아야 비로소 성공으로 향할 수 있다. 이것을 모르고 '언젠가 사람들이 나를 알아줄 거야!'라는 생각으로 자기 노력에만 의존한다면 흙 속에 파묻힌 진주가 되어 결코 드러나지 못하게 된다.

실제로 우리 주변 곳곳에는 장인이라 불릴 만큼 지식과 경험을 오래도록 쌓아 온 사람들이 있다. 그들은 평생 한 분야에 시간과 노력을 바쳤지만, 사람들로부터 결코 성공했다고 대접받지는 않는다. 그들이 인정받는 성공 수준으로 나아가지 못하는 이유는 성공이 오로지 자기 노력만으로 이뤄진다고 생각하기 때문이다.

그러므로 일에만 매몰되어서는 안 된다. 일을 잘하면서도 사람들을 즐겁게 하고, 자신의 비즈니스를 통해 주변 사람들에게 기쁨을 줄 방법을 생각해 보아야 한다.

전문가 단계에 있는 사람은 세상이 자기를 알아주기만 기다려서는 안 된다. 성공하려면 적극적인 타인 지향적 마인드를 실천해야 한다. 타인 지향적 마인드가 없는 이들에게 지지와 응원은 없다. 타인을 이롭게 하지 않으므로 아무도 당신의 성공을 원하지 않게 된다. 전문가 단계에 이르렀다면 이제부터는 바깥의 기운, 즉 외부의 도움을 구해야 한다.

지식 비즈니스는 타인을 이롭게 하는 일이다. 자신의 지식과 경험, 노하우를 제공함으로써 타인에게 이익과 행복을 주는 사람이 되자.

3단계 : 운과 기회가 따르는 시기

운력이란, 구름[雲]처럼 운(運)을 끌어당기는 능력을 발휘함으로써 자신이 가진 능력 수준을 뛰어넘는 성공의 단계를 말한다. 성공은 자신의 능력이 아닌 세상의 도움으로 이뤄지는 것임을 기억하자. 타인 지향적 마인드의 중요성을 깨달아 사람들의 지지와 응원을 얻어야 운력 단계로 나아갈 수 있다.

행운과 기회를 가져오려면 어떻게 해야 할까? 타인 지향적 마인드는 기본이다. 더 나아가 누구를 만나든지 그 사람에게 호감을 얻을 수 있어야 한다.

첫째, 은은한 미소를 보이자. 아무리 못생긴 사람이라도 자신감이 느껴지는 은은한 미소는 강력한 매력을 뿜어 낸다. 은은한 미소는 어떻게 만들 수 있을까? 미소도 연습이다. 사랑스러운 애인 혹은 아기를 바라볼 때의 느낌을 떠올려 보자. 자신의 콧등을 살짝 찡그리며 눈웃음을 지으면 매우 자연스러운 웃는 인상을 만들어 낼 수 있다. 매일 거울을 보고 자신감 있는 미소 연습을 꾸준히 한다면 어느새 사람들로부터 호감 얻는 얼굴을 갖게 될 것이다.

미소는 자신의 행복한 감정을 타인에게 전이시키는 '긍정 에너지'다. 웃고 있으면 뇌가 스스로 '왜 이렇게 행복할까?' 하고 행복한 이유를 찾는 프로세스를 돌린다. 두뇌는 생각보다 단순해서 웃고 있으면 분명 뭔가 행복한 이유가 있다고 여기는 것이다. 그러므로 미소를 지을수록 점점 더 행복해진다. 미소를 지으면 행복한 감정이 타인에게 전달되며 긍정적 감정이 공명하듯 증폭되어 호감을 얻게 된다.

둘째, 따뜻한 말투를 연습하자. 사람들에게 행복한 감정을 전달하려면 말의 내용보다 말투가 중요하다. 어떤 사람들은 말투가 굉장히 차가워서 대화할수록 마음을 상하게 만든다. 그들은 자신의 말투가 불필요한 시간 소모를 줄인다고 생각하겠지만, 결국 사람들로부터 지지와 응원을 받지 못하게 되므로 성공과는 멀어지게 된다. 반면 타인 지향적 마인드를 지닌 사람들과 대화하면 행복이 느껴지는 말투를 느낄 수 있다. 자신의 단점이 더 이상 약점이 되지 않으므로 모든 일에 유머 있게 반응한다. 자기 자신에 대해 만족하고, 상대

방에 대해 질투나 이기심이 없으므로 대화를 하면 '좋아!', '잘했어!', '대단해!'와 같이 사소한 일에도 극찬을 아끼지 않으므로 호감을 얻게 된다.

셋째, 감사하는 마음이다. 감사하는 마음은 호감을 얻는 열쇠다. 예를 들어, 집안 사정이 좋지 않지만 부모가 만들어 준 음식에 감사하는 마음을 가진 자녀는 집안의 자랑이다. 회사 사정이 좋지 않음에도 불구하고 매사 감사하는 마음으로 업무에 임하는 직원은 사장으로부터 신임과 칭찬을 받게 된다. 특히 건물 청소 아주머니, 환경미화원, 경비 아저씨와 같이 사회적 약자로 여겨지는 분들에게 감사하는 마음을 적극적으로 표현해야 한다. 그들은 비록 사회에서 작은 역할을 맡고 있지만, 그들이 없으면 사회가 제대로 돌아가지 않는다. 이들에게 적극적으로 감사하는 마음을 표현하자. 그러면 세상이 당신의 감사하는 마음을 알아줄 것이며, 이는 사람들로부터 호감을 얻는 계기가 된다.

넷째, 책임지는 자세를 갖자. 전문가 단계에 이르면 주변 사람들로부터 부탁뿐 아니라 비즈니스상 많은 요청을 받을 것이다. 물론, 전문가의 경지에 이르면 일을 선별적으로 선택하고, 협상 테이블에서 우위를 점할 수 있다. 이때 자기 실력에 우쭐해지거나 일이 많다는 이유로 자만해져 타인과의 약속을 거스르거나 어기는 경우가 생길 수 있다. 그러면 사람들로부터 외면을 사게 된다. 그러므로 행운과 기회를 끌어당기려면 실력이 있을 때 성실하게 타인과의 약속을 이

행함으로써 신뢰를 다져야 한다는 점을 잊지 말자.

운과 기회를 가져오는 것은 쉬운 듯 보이지만 결코 쉽지 않은 일이다. 운을 키우려면 일만 잘하는 것이 아니라, 고객을 포함한 주변 모든 사람으로부터 호감을 얻어 낼 수 있어야 한다. 누구를 만나든 '이 사람에게 호감 하나만은 얻어 내겠다!'는 생각을 갖는다면, 분명 좋은 성과를 거둘 수 있을 것이다.

팬 베이스 전략을 명심하라

지식 비즈니스에서 '팬'의 중요성은 갈수록 커지고 있다. 브라이언 트레이시, 브랜든 버처드, 토니 로빈스, 강형욱, 김난도, 김미경, 김창옥, 백종욱, 설민석. 이들의 공통적인 특징은 든든한 팬층을 기반으로 성장했다는 점이다. 이들은 당장의 이익보다 팬을 양성하는 전략으로 성공했다. 어떻게 해야 이들처럼 팬을 만들 수 있을까?

팬 베이스란, 당장의 이익보다 팬을 우선하는 비즈니스 전략이다. 지식 비즈니스로 성공하려면 팬을 중시하는 '팬 베이스' 전략이 필요하다. 일본의 경영 컨설턴트 사토 나오유키는 그의 책 『팬 베이스』에서 사랑받고, 지지받고, 꾸준히 응원받는 기업이 되기 위한 방법으로 '팬 베이스'를 강조했다. 사토 나오유키는 팬 베이스 전략을 위한 3가지로 공감, 애착, 신뢰를 제안했는데 그것을 소개하고자 한다.

사토 나오유키는 팬을 형성하기 위한 첫 번째 필수 요소로 '공감'을 꼽는다. 그가 얘기하는 공감 획득 방법은 고객이 소중하게 여기는 가치를 전면에 내세우는 것이다. 예를 들어, '빈곤 국가 어린이를 위한 교육기회 부여'라는 주제는 누구나 공감을 얻을 수 있는 가치를 내세운 케이스다. 이뿐 아니라 개인의 취향 또는 이윤 획득과 같은 욕구도 공감을 얻을 수 있는 케이스에 해당한다. 자신이 주제로 하는 콘텐츠에 공감 요소를 전면에 내세움으로써 공감대 형성을 극대화할 수 있다.

둘째, 고객과의 '애착'이다. 고객과의 관계에 있어서 애착이 형성되는 것은 대부분 인간적 요소가 얼마나 어필하느냐에 기인한다. 예를 들어, 당신에게서 우러나오는 통찰력이나 사려 깊음 혹은 외모나 목소리에서 풍기는 특유의 감성은 애착을 형성하는 요소다. 의도적으로 애착 형성을 위한 메시지를 만들자. 당신만의 감성이 묻어나는 메시지를 담는 것이다. 애착형성을 위한 목적으로 만든 메시지는 고객과의 애착 관계 형성에 도움이 될 것이다. 한번 고객과 애착 관계가 형성되면 고객은 지속적으로 당신을 의지하게 되며, 더 나아가 구매 행동에 이를 수 있을 것이다.

셋째, '신뢰'다. 고객의 신뢰를 얻으려면 솔직한 감정, 즉 개인적인 경험담이나 속 얘기를 하는 것이 도움이 된다. 신뢰가 쌓이면 적극적 지지를 얻을 수 있으며, 당신의 커뮤니티 분위기는 더욱 고조될 수 있다.

타인 지향적 마인드는 팬 형성을 위한 기본 자세다. 타인 지향적 마인드는 지식 비즈니스를 성공 궤도에 올리기 위한 가장 유효한 도구다. 타인 지향적 마인드를 활용해 소수의 팬이라도 확보한다면 당신의 커뮤니티는 활기를 띨 것이다.

팬을 만들기로 마음먹었는가? 우선 한 명의 팬 만들기를 목표로 하자. 한 명의 팬이 확보되면 2명, 3명으로 점차 늘려 나가면 된다. 팬을 만드는 일은 시작이 어려울 뿐 '팬 베이스'로 방향을 잡고 꾸준히 타인 지향적 자세로 메시지를 전파하면, 당신을 응원하는 사람들이 점점 늘어나는 것을 체감할 수 있을 것이다.

물론 팬을 만드는 일은 결코 쉬운 일이 아니다. 단시간에 많은 팬을 가질 수 없다는 것을 인정하자. 팬 형성은 인내심이 많이 요구되는 일이다. 팬 베이스 전략은 장기전이며 많은 에너지를 필요로 한다. 그러나 시간이 오래 걸린다고 해서 포기하지 않길 바란다. 팬을 우선하지 않고 눈앞의 이익에만 급급하면 지식 비즈니스에서 실패를 면치 못하게 된다. 눈앞의 이익에 급급하면 아무리 좋은 콘텐츠로 환심을 사더라도 결국 성장할 수 없다.

지식 비즈니스에서 이익만을 취하고 버리는 태도는 절대 금물이다. 지식 비즈니스는 자신의 성장으로 타인의 성장을 이끄는 일이다. 오랜 시간을 두고 결실을 맺는 농사꾼이 되자. 나역시 당신이 인내심을 가진 디지털 농사꾼이 되길 바란다. 나는 타인의 성공을 일구는 디지털 농사꾼이다. 나는 고객들의 목표 달성을 위해 땅을 일구고 씨를 뿌리고 열매를 맺기까지 인내한다. 지식 비즈니스는 농사꾼 마인드로 접근해야 롱런할 수 있다.

마지막으로, 팬 형성을 위해 다음 2가지 태도를 갖는 것이 도움이 될 것이다.

첫째, 팬을 만들기 위해 '모든 사람을 공략하겠다!'는 생각을 버리자. 모든 사람의 호감을 얻으려고 하면 누구와도 깊은 인간관계를 맺을 수 없다. 모든 사람의 마음을 얻겠다는 욕심을 내려놓자. 룰루레몬의 성공 사례를 보라. 당신을 진심으로 응원하는 소수 팬만으로도 충분하다.

둘째, 단 한 사람의 마음을 사로잡기 위한 맞춤 서비스를 하자. 고객의 이름뿐 아니라 그 사람의 취미와 성향, 삶의 목표까지 개별적으로 관리한다면 고객 단 한 사람을 위한 맞춤 서비스가 가능할 것이다. 맞춤 정장이 명품 못지않게 비싼 이유는 고객 한 사람을 위한 맞춤 서비스이기 때문이다.

지식 비즈니스를 명품의 수준으로 올리려면 고객 단 한 명을 위한 맞춤 서비스를 제공해야 한다. 한 명의 고객에게 애착을 갖고 그가 무엇을 필요로 하는지 생각하자. 단 한 사람에게 개별적인 애정과 열정을 담는 방법으로 팬을 만들어 간다면 당신을 향한 팬의 응원과 지지는 갈수록 높아질 것이다.

비즈니스를 키우려면 먼저 베풀라

아시아에서 최초로 노벨상을 수상한 인도의 지성 타고르가 쓴, '신에게 바치는 노래'라는 뜻의 시집 『기탄잘리』에는 다음과 같은 이야기가 나온다.

거지인 '나'는 어느 마을에서 구걸을 하고 있다. 그러다 저 멀리서 갑자기 황금색의 마차가 달려오는 것을 보고 놀란다. '나'는 그 마차에 도대체 어떤 왕이 타고 있을지 궁금해진다. 황금 마차에 탄 왕이라면 자신을 구해 줄 수 있으리라는 희망을 품은 채.

드디어 황금 마차가 '나'의 앞에 멈추어 섰고, 그 안에서 '님'이 내

리며 다가온다. 그 '님'은 미소를 지으며 '나'에게 말한다.

"그대는 나에게 무엇을 줄 것인가?"

'나'는 무엇을 줄 수 있느냐는 '님'의 질문에 한순간 멍해진다. 황금 마차를 타고 온 '님'이 거지인 자신에게 무엇을 달라니 놀랄 수밖에. 그러나 '님'을 마주한 '나'는 너무 놀랐는지 자루에서 곡식 알갱이 하나를 찾아 '님'에게 건넨다.

그렇게 '님'은 '나'가 어렵게 모은 곡식 알갱이 하나를 받고 떠난다. '님'의 황금 마차를 보고 도움을 받을 수 있으리라 잔뜩 기대한 '나'는 무척 실망스럽다. 그렇게 망연자실한 채 구걸을 계속한 '나'는 우연히 자루에서 반짝반짝 빛나는 황금 알갱이 하나를 발견한다. 그것은 바로 '님'이 거지에게 받은 곡식 알갱이 하나의 대가였다.

오랜 역사가 증명하는 인생의 성공 법칙은 '테이크 앤 기브(Take and Give)가 아닌 '기브 앤 테이크(Give and Take)'다. 먼저 주어야 비로소 받을 수 있다. 그러면 언제까지 주어야 하는가? 고객이 당신에게 확실한 신뢰를 가질 때까지 주어야 한다. 성급하게 결과를 얻으려고 하면 탈이 난다. 모든 것은 인간관계이므로 신뢰가 형성될 때까지는 아낌없이 주어야 한다.

왜 지식 비즈니스에서 이토록 타인 지향적 마인드와 아낌없이 먼저 주는 '기브 앤 테이크'의 태도를 강조하는 것일까? 이유는 1인 지식 비즈니스의 특성 때문이다. 1인 지식 비즈니스의 특성을 제3자의 입장에서 보면, 다음과 같은 단점이 있다.

- 기반이 없다.
- 익숙하지 않다.
- 전통적이지 않다.

이러한 단점들을 극복하기 위해 '아낌없이 주는 전략'으로 신뢰를 구축해야 한다. 그런데 주는 것도 아무나 할 수 있는 일이 아니다. 가지고 있는 것이 많아야 줄 수 있기 때문이다. 자신의 성장이 타인을 성장시킨다는 전제를 기억하자. 자기 분야의 지식 쌓기에 전념할 뿐 아니라 공부한 결과들을 지속적으로 사람들에게 베풀어야 한다.

지식 비즈니스를 성공의 단계로 이끄는 최고의 방법은 신뢰가 쌓일 때까지 '먼저 주는 것'이다. 돈은 어디에서 오는가? 사람으로부터 온다. 사람간의 신뢰가 없으면 돈이 오지 않는다. 신뢰를 얻어야 돈도 따라오는 것이다. 신뢰가 형태를 갖추면 돈이 된다.

희소가치를 찾으면 고수익이 보인다

이왕 지식 비즈니스를 시작하기로 마음먹었다면 고수익을 추구해야 한다. 고수익을 얻기 위해 필요한 것은 '희소성'이다. 쉽게 얻을 수 없는 것이 가치가 높다. 뭐든지 희소가치가 있으면 높은 수익이 가능하다. 지식 비즈니스에 있어서도 희소가치를 높인다면 고수익을 얻을 수 있다. '희소가치를 높여 고수익을 얻는다는 말은 너무 당연하잖아!'라고 생각할지 모르겠다. 내가 얘기하는 핵심은 '희소가치 있는 것처럼 보이는 전략'이다. 무슨 말인지 이해되는가? 고수익을 얻기 위한 전략은 '희소가치 있어 보이는 것'이다. 좀 더 들어가 보자.

희소가치가 있는 것 = 희소가치 있는 것처럼 보인다.

커피 한 잔에 5,000~7,000원이 적정 가격이다. 이렇게 상품에는 암묵적으로 정해진 가격대가 있다. 이는 시장의 수요와 공급량에 따라 결정된 것이다. 그러나 지식 비즈니스에는 정해진 가격이 없다. 수요와 공급량이 얼마나 되는지조차 따지기 어렵다. 수요공급에 대한 판단 기준이 없으므로 가격도 정하기 나름이다. 수요자가 느끼는 욕구의 크기도 제각각이다. 따라서 지식 상품의 가격 기준은 고객이 향후 얻을 이익 정도에 비례해 책정한다. 고가격을 형성하는 지식 상품은 향후 고객이 그만한 이익 이상을 얻을 수 있다고 판단되는 가격으로 산정한다.

그러면 어떻게 해야 고가격의 지식 상품으로 만들 수 있을까? 가장 중요한 건 지식 상품을 구매한 사람이 '값어치 한다!'라는 기분을 느끼는 것이다. 고객으로 하여금 '값어치 한다!'라는 기분을 들도록 하려면 어떻게 해야 할까? 명품을 떠올려 보자. 30만 원짜리 가방과 300만 원짜리 명품 가방은 무엇이 다른가. 그것은 재질의 차이가 아니다. 원재료로 따지면 사실 가격 차이가 크지 않다. 고객이 큰 비용을 들여 명품을 구입하는 이유는 '이것으로 내 존재도 희소가치가 있어 보인다'라는 감정에 기인한다. 구매 행동 이면에 자신의 희소성을 보이기 위한 '과시욕'이 있는 것이다. 이 점에 착안하면, 희소가치가 있어 보이는 상품일수록 가격을 높여야 구매 욕구는 더 커진다. 여기에 앞에서 설명한 '판타지' 요소가 들어간다. '나의 희소가치가 높아질 수 있겠다!'는 판타지를 심어 줄수록 높은 가격에 판매가 형성되는 것이다.

명품 가방뿐 아니라 자동차, 의류, 가전제품 등에도 명품의 포지션으로 고가격을 형성하는 상품들이 있다. 명품으로 포지셔닝한 제품들의 공통점은 판매 직원의 서비스뿐 아니라 외부 디자인이나 분위기 등 '희소가치가 있는 것처럼 보이는 것'에 많은 역량을 들이고 있다. 고객의 과시욕을 자극하는 '분위기'에 있어서는 격차가 크다.

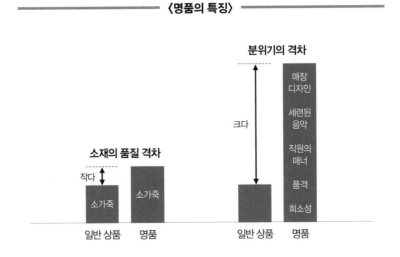

〈명품의 특징〉

당신의 지식 비즈니스에도 명품 전략을 취할 수 있다. 품격 있는 장소, 세련된 디자인의 팸플릿, 트렌디한 음악과 고급스러운 프레젠테이션, 사회자의 매너 있는 태도, 단정한 외모. 이러한 부분들이 고객으로 하여금 '값어치 한다'라고 느끼게 만드는 요소들이다.

고수익을 얻고 싶은가? '희소가치가 있어 보이는 것'에 집중하자.

나이가 많아도 할 수 있다

인생을 100세까지라고 가정할 때 10~20대는 사회 진출 준비 단계. 30대~40대는 사회에서 중추적 역할을 하는 실질적 활동 단계. 50대 중반 이후부터는 인생의 황금기로 본다. 10~20대는 기반이 없으므로 시간·경제적으로 여유롭지 못하고, 30~40대 때는 사회 활동을 왕성하게 하지만 자녀 양육과 회사 내 경쟁, 부모 부양 등의 부담으로 인생을 즐기지 못하기 때문이다. 이러한 이유로 50대 이후는 자신이 원하는 대로 인생을 자유롭게 즐길 수 있는 최고의 기간이다.

50대 중반 이후부터는 시간적·경제적 부담 요소가 줄어든다. 그러므로 자신의 철학과 가치관에 따라 삶을 살 수 있다. 또 나이가 들면서 자신이 겪었던 많은 시행착오가 지혜로 전환된다. 나이가 많아질수록 지식과 경험의 수준이 높아지는 것이다.

물론 나이가 들면 체력은 떨어진다. 그러나 관점을 달리 보면, 두뇌 움직임은 나이가 들수록 민첩해지고 판단력은 더 빨라진다. 그러므로 지식 비즈니스는 나이가 들수록 유리하다. 나 역시 30대 초반까지는 뚜렷한 전략 없이 그저 열심히 살았다. 30대 중반이 되어서야 지식 비즈니스의 중요성을 깨닫게 되었고, 나이 마흔이 넘어서야 이 책을 집필할 역량을 갖추게 되었다. 앞으로도 지식 비즈니스라는 전문 분야에서 하고 싶은 일들은 많다. 이 책뿐 아니라 책이 출간된 이후 블로그 및 유튜브 채널 육성, 강연 준비, 커뮤니티 활성화, 차기 도서 출간 등 할 일은 무궁무진하다.

지식 비즈니스는 나이가 들수록 유리하다. 나이들수록 지식 비즈니스를 하지 않는다면 무엇을 할 것인가? 노동력에 의존하고 있으면 나이들수록 체력적으로 힘들 뿐 아니라 정신적으로도 결코 좋지 않을 것이다.

결론, 나이가 들수록 지식 비즈니스를 해야 한다. 한 살이라도 젊을 때 지식 비즈니스 시스템을 구축하자. 지식 기반의 경제 활동은 나이 들수록 즐겁고 행복해치는 일이다. 나이가 들수록 지혜가 쌓이면 더 훌륭한 콘텐츠가 나올 수 있다. 이제는 체력이 아닌 두뇌에 의존하는 일을 해야 한다.

지식 비즈니스의 '시간-이익' 비례 법칙

커피 한 잔에 240초.

권총 한 자루에 3년.

스포츠카 한 대에 59년.

　모든 물질의 비용이 시간으로 계산되는 영화 「인 타임」에 나오는 이야기다. 이 영화에서 사람들은 시간을 돈으로 사고판다. 시간을 사고판다는 것은 상상 속에나 있을 법한 참신한 소재다.

　「인 타임」얘기를 꺼내는 이유는, 지식 비즈니스의 상품 가격 산정에 있어서 '시간'의 중요성을 얘기하려는 것이다. 지식 비즈니스의 상품 가격을 책정할 때 가장 비중있게 고려할 것은 '시간 투입량'이다. 시간 투입에 따른 상품 가격 책정 원리는 간단하다. 적은 시간을 투입하면 적은 수익을 얻고, 많은 시간을 소모한다면 상품 가격이 높아진다.

지식 상품의 기획 단계에서 반드시 시간 소모량을 고려해야 한다. 예를 들어, 평생 회원 제도는 바람직하지 않다. 고객 유치만을 목적으로 섣불리 평생을 약속해 버리면 시간 관리에 실패할뿐더러 고객이 늘어날수록 감당하기 힘들어진다. 고객에게 평생을 보장하는 약속은 인디펜던트 워커에 적합하지 않다. 일할수록 자기 시간을 빼앗기므로 독립적인 삶을 살지 못하게 된다. 평생 서비스, 평생 보증, 평생 교육과 같은 약속은 자신의 시간에 굴레를 씌우는 일이다.

지식 상품의 기획 단계에서 해야 할 것은, 그것으로 인해 시간이 얼마나 빼앗기는지를 따져 보는 것이다. 만약 그 일이 당신의 시간을 많이 빼앗는 것이라면 그에 합당한 금전적 이익으로 돌아오도록 가격을 책정해야 한다. 시간을 많이 투입할수록 이익이 커지도록 기획해야 한다. 비즈니스에 있어서 되도록 시간을 절제하고 정해 놓은 가치만을 제공하도록 하자. 이것이 시간 투입량에 따른 이익 비례 법칙이다.

시간 소모를 최소화하고 싶다면 온라인을 최대한 활용하자. 상품을 공유하기 쉽게 만들어 놓으면 시간 소모를 거의 '제로'로 만들 수 있다. PDF 전자책, 음원, 동영상뿐 아니라 종이 도서도 한 번 만들어 놓기만 하면 시간 소모가 거의 없다. 이러한 도구들은 처음 만들때는 시간이 소모되지만 한 번 만들어 놓으면 더 이상 시간을 쓰지않아도 영업과 판매 활동을 자동으로 해주므로 시간 절약 효과를 가져온다.

이 점에 착안하여, 지식 상품의 가격을 다음과 같이 3단계로 나누어 구분한다.

〈지식 상품의 가격 3단계〉

구분	1단계	2단계	3단계
시간 소모	거의 없음	2시간~5시간 이내	2시간~5시간 이상 또는 수 개월 단위
상품 유형	PDF, 음성, 동영상, 종이 도서	온라인 또는 오프라인 일일 특강	오프라인 강연 (코칭, 컨설팅, 세미나 등)
가격대	무료 또는 저가 (1만 원~5만 원 이내)	인당 3만 원~ 100만 원 이내	제한 없음
목적	고객 모집 메시지 전파	수익 창출 신뢰 형성	수익 창출 고객 관리

다음은 지식 비즈니스의 시간 투입량에 따라 구분한 3단계 추진 전략이다.

① 1단계 : 무료 또는 저가 상품 전략

무료 상품을 기획할 때는 시간 투입량을 '제로' 혹은 '5분 이내 투입'이 되도록 한다. 무료 상품의 목적은 이익 추구가 아니다. 이 단계에서는 최대한 많은 사람에게 자신의 브랜드 혹은 상품을 알리는 것을 목표로 한다. 무료 상품에 관심을 두는 고객들은 불특정 다수이며 특정 주제에 관심이 있다기보다 호기심으로 접근하는 부류가 대부분이다. '그냥 한번 들어보자'라는 생각으로 접근하는 고객들이 대부분이므로 별도의 개별 연락이 오지 않는 한 이들에게 시간 투입을 허용할 필요는 없다.

1단계에서는 모든 고객에게 시간을 많이 쏟을 필요가 없다. 특별히 관심을 많이 갖고 더 많은 것을 알고자 접근하는 가망 고객에게는 온라인 또는 오프라인 상담을 거쳐 2단계 혹은 3단계의 상품 구매를 추천하도록 한다.

② 2단계 : 중저가 상품 전략

2단계에 이르면 관심을 많이 갖는 고객들을 상대하게 된다. 이때는 시간 투입이 좀 더 필요하다. 1단계에서 무료 상품을 체험한 고객들은 당신에게 이것저것 문의하게 되고 더 깊은 지식을 요구하게 된다. 이를 위해 문의 경로를 안내해 놓는 것도 좋다. 예를 들어, 다음과 같은 문구를 넣는 것이다.

- 연락처(이메일 주소)
- 온라인 문의 시 카카오톡 채팅방 또는 네이버 카페 주소(URL)
- 세미나 혹은 일일 특강 및 강연 일정

2단계에서는 고객과의 신뢰 형성에 집중하도록 하자. 1단계의 목적이 최대한 많은 고객에게 알리는 것이라면 2단계는 가망 고객들과의 신뢰를 형성하는 목적이다. 1:1 상담, 세미나, 특강 등을 통해 찾아온 고객들과 신뢰를 쌓는 데 집중하자. 2단계의 고객들은 3단계로 나아갈 수 있는 소중한 잠재 고객이다. 2단계에서 신뢰를 쌓아 3단계로 가기 위한 발판을 마련하자.

③ 3단계 : 고가 상품 전략
3단계는 시간이 가장 많이 소모되는 지식 상품이다. 강연, 코칭, 상담, 컨설팅과 같은 것들이 3단계에 해당한다. 2단계의 강연이나 세미나의 목적이 주로 고객 획득과 신뢰 형성이었다면, 3단계는 궁극적인 수익 확보에 있다.

PART 5

인디펜던트 워커의
디지털 마케팅 전략

5개의 플랫폼 운영 전략

나는 아래의 5개의 플랫폼을 동시에 운영하고 있다. 당신도 이 5개 영역을 기본으로 운영하되 각자의 상황과 취향에 따라 추가 또는 제외하여 선택과 집중을 하기 바란다.

① 네이버 카페

모든 플랫폼 운영의 베이스 캠프로 가장 중심에 둔다. 자신의 콘텐츠를 쌓아 놓고, 고객을 가둬 놓으며, 공지나 쪽지 등을 활용해 강연 안내를 수량에 상관없이 대량으로 발송할 수 있다. 강연 후기와 리뷰 같은 고객 피드백이 쌓이며 신규 방문자들도 지속해서 확인하고 방문할 수 있는 기반이 된다.

② 블로그 및 유튜브 또는 인스타그램

불특정 다수 고객이 가장 많이 활동하는 대중적 미디어 플랫폼으로서, 고객을 네이버 카페로 유도하기 위한 장이라고 볼 수 있다. 경제적 여유가 있다면 광고나 홍보를 통해 불특정 고객들에게 나의 콘텐츠를 홍보할 수 있다. 블로그 및 유튜브, 인스타그램 등을 통해 네이버 카페로 고객 유입을 적극 유도하도록 한다.

③ 카카오톡

고객의 응답성이 가장 빠른 플랫폼이다. 네이버 카페처럼 콘텐츠를 쌓거나 고객을 가둬 놓는 기능은 없지만, 고객을 실시간으로 빠르게 모을 수 있고 서비스에 대해 즉각 홍보하거나 반응을 얻을 수 있다. 단체 채팅방은 1,500명까지 모을 수 있으며 최대 10여 개의 단톡방을 운영할 수 있으므로 유튜브나 네이버 등의 매스 플랫폼을 활용해 카카오톡 채팅방을 병행하도록 한다. 단톡방 URL 주소만 있으면 빠르게 인원 모집이 가능하므로 홍보나 모집, 판매가 비교적 쉽게 이뤄진다는 장점이 있다.

④ 크몽·탈잉

강연이나 PDF 전자책 판매에 특화된 지식 마켓 플랫폼이다. 지식 마켓을 활용하면 내 상품에 관심 있는 타깃 고객만을 선별해 모을 수 있다. PDF 전자책 등을 활용하면 짧은 시간에 많은 고객에게 판매하고 내가 운영하는 커뮤니티(네이버 카페)로 유도할 수 있으며, 종이 도서처럼 꾸준한 수익 창출이 가능하다. 이 외에도 '오투잡'이나 '아이디어스'처럼 새로운 지식 마켓 플랫폼이 생겨나고 있으므로 새로운 플랫폼의 진출 가능성도 열어 두도록 하자.

⑤ 이메일 자동 발송 플랫폼(원 페이지 플랫폼)

나만의 온라인 매장이라고 볼 수 있는 '한 장 플랫폼'이다. 고객 이름과 이메일 주소를 수집할 수 있으며, 고객 정보를 자신의 데이터베이스(DB)에 쌓아 놓을 수 있으므로 고객 리스트를 지속적으로 관리할 수 있다. 한 장으로 만들어진 원 페이지(One Page) 플랫폼은 이메일 자동 발송 기능을 갖고 있다. PDF 전자책이나 이메일 등을 자동으로 발송해 주므로 지식 상품의 설명, 설득, 발송 업무를 자동화시키는 데 유용하다. 이는 다음 장에 자세히 설명할 것이다.

위와 같이 5개의 플랫폼을 기본으로 운용하되 자신에게 맞는 다른 플랫폼이 있다면 그것을 살려서 유연하게 운영하도록 하자.

원 페이지 플랫폼 활용 서비스 자동화

원 페이지 플랫폼은 한 장으로 만드는 간단한 사이트다. 원 페이지 플랫폼을 통해 자신의 지식 비즈니스에 대해 설명하고, 방문한 고객들에게 PDF 전자책이나 이메일을 자동 발송할 수 있으므로 서비스 자동화가 가능하다.

선진국의 지식 사업가들은 원 페이지 플랫폼을 통한 이메일 자동 발송을 활용하는 경우가 많다. 나는 미국과 일본 등 선진국의 원 페이지 플랫폼 사례를 조사했고, 그 핵심 기능이 '이메일 자동 발송'에 있다는 것을 알게 되었다.

원 페이지 플랫폼을 만들고 유지하는 데 드는 비용은 월 1만 원 안

팎으로 상당히 저렴하다. 이는 일반적인 홈페이지 개발 비용 대비 1,000분의 1 수준으로 가격은 싸고, 기능은 상당하다.

아래는 내가 직접 운영하는 원 페이지 플랫폼이다. 여기 방문해서 당신의 이메일 주소와 이름을 등록하면 자동 발송되는 무료 소책자 「디지털노마드 되는 방법」을 받을 수 있다.

〈저자의 원 페이지 플랫폼 : digitalnomads.kr〉

원 페이지 플랫폼을 운영하는 이유는 다음과 같다.

- 나만의 홈페이지를 매우 저렴한 가격으로 소유할 수 있다.
- 내 지식 비즈니스를 소개하고 알릴 수 있다.
- 고객의 이름과 이메일 주소 등 정보를 관리할 수 있다.
- PDF 전자책이나 음원, 동영상, 이메일을 자동 발송할 수 있다.
- 고객 전체에게 이메일이나 뉴스레터를 무료 발송할 수 있다.

외국의 도서 저자들은 원 페이지 플랫폼 서비스를 활용하고 있다. 국내에도 출간된 『부자 되는 법을 가르쳐 드립니다(I will teach you to be rich)』라는 책을 쓴 라밋 세티는 원 페이지 플랫폼(www.iwillteachyoutoberich.com)으로 서비스를 제공한다. 라밋 세티의 원 페이지 플랫폼은 방문자의 이메일 주소 입력을 유도하고 있다. 등록된 고객들에게는 무료 뉴스레터를 정기적으로 자동 발송한다(물론 뉴스레터를 더 이상 받고 싶지 않다면 언제든지 구독 취소를 할 수 있다).

『Serve no master(당신의 상사를 해고하라)』라는 책을 쓴 조나단 그린 역시 책을 판매하면서 원 페이지 플랫폼(servenomaster.com)을 내놨다. 여기 들어가면 첫 장, 맨 위에 무료 제공 PDF를 받는 링크가 있다. 역시 이메일 주소와 이름을 등록하면 뉴스레터를 지속적으로 받을 수 있다.

일본은 90% 이상의 사업가들이 원 페이지 플랫폼을 활용한 자동 발송 이메일 전략을 취하고 있다. 일본의 이메일 매거진 종합 포털 사이트인 마그마그닷컴(www.mag2.com)을 방문해 보면 원 페이지 플랫폼의 활용 규모에 놀라게 될 것이다.

〈일본, 이메일 매거진 포털〉

원 페이지 플랫폼을 활용하면 고객 모집과 메시지 발송을 자동화할 수 있으며 이를 통해 수익의 파이프라인 자동화를 구축할 수 있다.

보다 자세한 원 페이지 플랫폼 구축 방법은 저자가 운영하는 네이버 카페 '인디펜던트 스쿨(cafe.naver.com/shaun1)'에서 확인할 수 있다.

서비스 자동화를 위한 3개의 축

원 페이지 플랫폼을 활용하면 지식 비즈니스에서 가장 중요한 3가지를 자동화할 수 있다. 이는 상품 발송 자동화, 고객 모집 자동화, 고객 설득 자동화이다. 하나씩 살펴보자.

상품 발송 자동화

상품 발송 자동화는 말 그대로 내가 개입하지 않아도 고객이 요구할 때 즉시, 자동으로 상품을 발송하는 것이다. 어떻게 가능한가? 상품이 디지털 콘텐츠라면 가능하다. PDF 전자책이나 이메일은 상품이다. 원 페이지 플랫폼을 활용하면 등록된 고객에게 PDF를 자동으로 발송할 수 있다. 이러한 방식의 상품 발송은 시공간의 제약이 없고, 판매 수량의 한계도 없다.

고객 모집 자동화

원 페이지 플랫폼으로 고객 모집을 자동화할 수 있다. 원 페이지 플랫폼은 고객 이름과 이메일 주소를 자동으로 수집하는 기능을 갖고 있으므로 이를 적극 활용한다. 예를 들어, 유튜브나 블로그, 카페와 같은 대중적 SNS 플랫폼에 원 페이지 플랫폼 URL을 공유하면 고객 모집의 자동화가 이뤄진다. 블로그 포스팅을 하거나 유튜브 콘텐츠를 업로드할 때, 혹은 PDF 전자책 내용에, 종이 도서에, 네이버 카페 대문에 원 페이지 플랫폼 URL을 게재한다. 이는 매번 포스팅을 해야 하므로 반자동화 방식이라 볼 수 있다. 만약 금전적으로 여유가 있다면 소량의 광고비 투입으로 네이버, 인스타그램, 유튜브와 같은 플랫폼에 광고를 게재함으로써 고객 모집을 완전 자동화할 수 있으니 참고하자.

고객 설득 자동화

고객을 구매 단계까지 이르게 하려면 설득 과정을 거쳐야 한다. 호기심 단계의 고객을 구매 단계까지 이르게 하려면 각 단계별 시나리오를 가지고 있어야 한다. 원 페이지 플랫폼을 활용하면, 고객 상태에 따르는 시나리오대로 이메일 자동 발송을 설정할 수 있다. 예를 들어, 첫인사부터 서비스 배경 설명, 현 상황의 문제점(진단), 필요성, 해결 방안(처방), 지식 서비스 구매 안내와 같은 시나리오 순서대로 이메일 발송을 자동화하는 것이다. 원 페이지 플랫폼은 시나리오 이메일의 자동 발송이 가능하므로 이 점을 활용하면 구매 단계까지 이르는 고객 설득의 자동화가 이뤄진다.

원 페이지 플랫폼을 활용한 비즈니스 자동화는 다소 난이도 있는 내용이므로 더 궁금한 부분은 네이버 카페 '인디펜던트 스쿨(cafe. naver.com/shaun1)'에서 확인하도록 하자.

최고의 마케팅은 고객 차별이다

백화점에서 이런 경험을 해 본 적이 있는가? 유명 명품 매장에 들어섰는데 점원이 당신의 옷차림과 액세서리를 유심히 본다. 아마도 당신은 눈치챘을 것이다. 그 직원은 당신의 차림새로 상품을 구입할 사람인지 아닌지를 구별하고 있었던 것이다. 직원 관점에서 구매 가능성이 큰 가망 고객이라는 판단이 들었다면 투입할 에너지를 선별 집중할 수 있다. 물론, 고객으로서는 차별 대우를 당한다고 생각되어 기분이 나쁠 수 있으나, 판매자 입장으로서는 선택과 집중을 함으로써 투입하는 에너지를 아낄 수 있다.

다카타 야스히사의 『고객을 차별하다』에 따르면, 모든 성공한 기업들은 고객을 차별한다. 이 점에 착안하면 1인 기업인 인디펜던트 워커들도 새로운 마케팅 전략을 구축할 수 있을 것이다. 성공하는 기업들이 대놓고 드러내지 않으면서 공통으로 나타내는 특징은 고객 차별이다. 성공한 기업들은 우대 고객과 기피 고객을 나눠 구분한다. 여기에 성공의 이유가 있다.

예를 들어, 일을 하다 보면 이익을 가져다주고 긍정 에너지를 북돋아 주는 고객이 분명 있다. 이와 반대로 이익을 갉아먹고 드라큘라처럼 에너지를 쭉쭉 뽑아 먹는 고객도 있다. 만약 당신이라면 어떤 고객을 상대하고 싶은가? 비즈니스를 하려면 두 종류의 고객을 모두 똑같이 상대해야 한다고 생각하는가?

단언컨대 당신이 지식 비즈니스를 시작하기 전에 미리 기준을 정해 놓기만 한다면 백화점 점원처럼 유력한 선호 고객을 선별할 수 있다. 상대하고 싶은 선호 고객이란, 금전적 이익을 가져다주는 것뿐 아니라 만나면 만날수록 긍정적 에너지를 주는 고객이다. 반대로 상대하고 싶지 않은 기피 고객은 누구인가? 금전적 이익은 고사하고 만나면 만날수록 시간과 에너지를 빼앗는 유형의 사람들이다.

물론 '고객을 평등하게 대해야 하는 것 아니냐'라고 반문할 수 있다. 당신의 마음은 이해하지만 이렇게 고객 유형을 구분해 놓지 않으면 당신은 일을 중도에 포기할 수도 있다. 지식 비즈니스에 있어서 자신이 모든 부담을 감당할 필요는 없다. 부담하고 싶지 않은 부분들은 걷어 내야 한다. 비즈니스에 있어서 때로는 철저히 이기적인 것이 지속 가능성을 높이는 방법이라는 점을 기억하자. 고객을 평등하게 대하라고 정해 놓은 법은 세상에 없다. 그러므로 비즈니스에 있어서 감정적 잣대는 잠시 내려놓도록 하자. 결론적으로 당신의 비즈니스를 성공적으로 만들어가기 위해 배워야 할 마케팅 전략은 '선호 고객과 기피 고객을 구별하는 것'이라고 할 수 있다.

그러면 당신이 기피해야 할 고객 유형은 어떤 사람들인가?

– 피해야 할 기피 고객 유형
- 무료 혜택만 찾는 고객
- 따지듯 이것저것 꼬치꼬치 캐묻는 고객
- 짜증과 불만이 가득한 고객
- 왕이라도 된 것처럼 거들먹거리는 말투를 가진 고객
- 다른 서비스의 가격은 어떻다는 둥 깎아내리는 고객
- 돈 없다고 얘기하면서 징징대는 고객

이러한 유형의 고객들은 정중히 돌려보내자. 예의를 갖추고 정중히 거절하는 것이 포인트다. 거절 당하는 고객 입장에서 최대한 기분 나쁘지 않도록 신경 써야 한다.

그러면 우대해야 할 선호 고객의 유형은 어떤 사람들인가?

– 우대해야 할 선호 고객 유형

• 밝은 분위기와 미소를 지닌 고객

• 진지한 태도로 임하는 고객

• 가격에 얽매이지 않는다고 말하는 고객

• 상호 존중하는 말투와 자세를 지닌 고객

고객과 당신의 관계도 결국 인간관계다. 그렇기 때문에 '금전적인 이익을 줄 수 있는가?'라는 단편적 기준으로 고객을 판단해서는 안 된다. 당신에게 에너지를 북돋아 주고, 커뮤니티의 분위기를 고조시켜 줄 수 있는 고객이라면 우대해야 할 선호 고객이다.

이처럼 고객 선별 기준을 갖고 일을 진행한다면 선호 고객이 한두 명씩 늘어나게 될 것이며, 시간이 갈수록 당신의 커뮤니티 분위기는 긍정적인 분위기로 고조될 것이다.

잠재 고객의 3가지 'Not'을 해소하라

지식 비즈니스를 하면 느끼는 고충이 있다. 그것은 고객의 3가지 'Not'이다.

- 보지 않는다.
- 믿지 않는다.
- 행동하지 않는다.

지식 노하우를 팔기 위해서는 이 3가지 'Not'을 해소해야 한다. 그러면 어떻게 대응해야 하는지 하나씩 생각해 보자.

① 보지 않는다

보아야 관심을 가질 수 있다. 지식 서비스의 경우 고객으로 하여금 읽게 만드는 게 관건이다. 그러면 어떻게 해야 읽게 만들 수 있을까? 강력한 슬로건이 필요하다. 고객의 욕구를 깊숙이 파고드는 슬로건을 제시하면 읽게 만들 수 있다. 욕구를 정확히 공략한 슬로건은 눈에 띈다. 어떻게 하면 좋은 슬로건을 만들 수 있을까? 막연한 설명으로 쓰여 있는 슬로건은 '읽지 않는' 사태가 벌어진다. 슬로건을 만들 때 중요한 포인트는 고객이 겪고 있는 문제를 지적함(진단)과 동시에 구체적인 해결책(이익 또는 혜택)을 제시하는 것이다.

예를 들어, '저는 쉐도잉으로 8주 만에 영어 자막 없이 미드를 봅니다'와 같은 슬로건은 읽게 만드는 슬로건이다. '쉐도잉'이라는 명확한 해결책을 제시함으로써 고객의 시선을 사로잡는다. 이런 슬로건은 짧은 기간 내에 얻을 수 있는 구체적인 이익을 부각시킴으로써 보게 만드는 힘을 갖는다.

또 다른 방법으로는, 기존 상식을 완전히 뒤집는 주장을 내세우는 것도 눈에 띄는 좋은 슬로건이 된다.

'못생긴 사람이 인기 있는 방법'

'게으른 사람이 성공하는 방법'

'성실한 사람이 가난하게 되는 이유'

이런 식으로 기존 상식에 반대되는 주장을 하면 호기심과 관심을 끄는 좋은 슬로건이 된다.

② 믿지 않는다

우리 모두는 매일 스팸을 걸러낸다. 매시간 인터넷을 통해 불필요한 정보와 팝업창이 뜨기 때문이다. 그래서 사람들은 새로운 정보에 대해 방어적 자세를 취한다. 이메일이나 문자, 전화로 광고 연락을 받는데 지친 사람들은 아무리 매혹적인 메시지가 와도 섣불리 믿지 않는다.

이것을 해소하지 않으면 당신의 메시지 또한 '스팸'으로 전락해 버릴 수 있다. 그러면 어떻게 해야 하는가? 결국 모든 것은 신뢰의 문제다. 처음 보는 사람에게 신뢰를 주려면 어떻게 하는가? 연인 관계를 생각해 보면 쉽다. 소개팅으로 막 연애를 시작한 두 커플이 서로를 알아가는 방법은, 자신이 살아왔던 이야기를 진실되게 이야기하고, 자신의 친구들을 소개해 주면 된다. 이처럼 불특정 다수의 고객에게 신뢰를 줄 수 있는 가장 빠른 방법은 자기 얘기를 진실되게 하는 것이다.

당신의 개인적 경험담이나 체험담을 통해 속 얘기를 하면 신뢰를 얻을 수 있다. 특히 고객의 상황과 유사한 경험한 사례를 들려 준다면 더욱 공감과 신뢰를 얻을 것이다.

③ 행동하지 않는다

'보지 않는다'와 '믿지 않는다'에서 벗어나면 새로운 문제에 봉착하게 되는데 그것은 행동하지 않는 고객이다. 결국 우리가 원하는 것은 구매 행동으로 이어지는 것인데, 이때는 신뢰의 문제라기보다 '돈이 없다' 또는 '당장 하기엔 바쁘다'라는 이유가 대부분이다.

이 단계에서 고객에게 돈이 없다면 어쩔 수 없는 상황이다. 그러나 '당장은 바쁘다'라는 문제는 우선순위에 밀린다는 의미다. 고객이 '당장은… 좀…'이라는 말을 한다면, 우선순위에 밀렸다는 얘기다. 이를 극복하려면 어떻게 해야 할까. 고객이 행동하지 않음으로써 앞으로 입게 될 손해를 강조해야 동기 부여를 자극할 수 있다.

"현 상황대로 놔둔다면, 앞으로 몇 년 안에 의뢰자께서는 'ㅇㅇ'을 잃게 될 것입니다."

심리학 통계에 따르면, 인간은 이익 보전보다 손실에 더 민감하게 반응한다. 따라서 고객이 행동하지 않음으로써 발생할 수 있는 '손실'을 부각시킨다면 적극적 구매 행동으로 나설 수 있을 것이다.

•

인디펜던트 워커,
지금이 기회다

코로나는 우리의 일상을 바꿔 버렸다. 모임은 축소되고, 행사는 중단되었다. 사회적 격리로 인해 우울증이 증가하고 사회는 불안정하다. 코로나가 우리 삶을 뒤덮기까지 불과 3개월이 채 걸리지 않았다.

우리 모두는 어쩌면 정답이라고 생각하던 길 끝에서 절벽을 만났다. 어떻게 출구를 찾아야 할까? 막다른 곳에 이르렀을 때, 그것을 돌파하려면 무엇이 필요한가? 상상력이다. 어떤 상상인가? 합리적인 근거를 지닌 상상이 필요하다. 앞으로 다가올 미래에 대한 상상은 디지털 전환, 경제 규모 축소, 일자리의 변화, 1인 기업의 확산이다. 이러한 근거들을 토대로 합리적 상상을 하고 그에 대한 대책을 마련해 적극적으로 실천해야 난관을 돌파할 수 있다.

코로나가 가져온 건 질병만이 아니다. 그것은 급속한 디지털 전환이다. 5G, 인공 지능, 로봇, 클라우드, 자율 주행과 같은 기술은 우리 삶의 환경을 급속도로 변화시키고 있다. 급격한 변화 속에서 우리가 걱정하는 것은 무엇인가? 잘 살아남아야 한다는 단 하나의 전제다. 급격한 디지털 변화 속에 기업과 조직들이 믿었던 생존 방식은 해체되고 새로운 질서로 재편된다. 앞으로는 조직 의존적 인간이 아닌 독립된 경제적 주체만이 살아남는다.

디지털 전환은 아직도 진행 중이다. 이 책을 통해 지금부터 인디펜던트 워커의 삶을 시작한다면 분명 당신도 유의미한 결과를 얻을 수 있을 것이다. 나는 당신이 직장이라는 안전장치를 유지한 상태에서 지식 비즈니스라는 새로운 분야를 과감히 개척하길 바란다. 남는 시간을 활용하면 취미 생활처럼 할 수 있을 것이다. 당신이 가진 지식과 경험은 분명 타인을 성장시킬 수 있는 좋은 재료다.

더 많은 사람이 인디펜던트 워커에 관심을 가졌으면 하는 바람으로 '인디펜던트 워커 양성 아카데미'를 시작할 예정이다. 강의는 다음 5개 과정으로 이뤄진다. 1. 지식 비즈니스 아이템 선정, 2. 나만의 커리큘럼 제작 및 완성, 3. PDF 전자책 및 원 페이지 플랫폼 구축, 4. 블로그 및 유튜브 전략, 5. 책 쓰기 및 강연을 통한 수익 창출. (이메일 신청 andongsoo@kakao.com)

아는 것에 그치고 말 것인가?

아는 것을 실천해 경제적 독립 능력을 갖출 것인가?

그것은 당신에게 달려 있다.

인디펜던트 워커의 시대

초판 1쇄 발행   2020년 09월 15일

지은이 안동수(풍요)

발행인 양홍걸 이시원
출판총괄 조순정
편집 문여울
디자인 김현철 신주아 차혜린
출판마케팅 장혜원 이윤재 양수지 위가을
제작 이희진

발행처 ㈜에스제이더블유인터내셔널
출판등록 2010년 10월 21일 제321-2010-0000219
임프린트 시원북스
주문전화 02)2014-8151 **팩스** 02)783-5528
주소 서울시 영등포구 국회대로74길 12 남중빌딩
블로그 http://blog.naver.com/siwonbooks
인스타그램 siwonbooks **페이스북** siwonbooks **트위터** siwonbooks

시원북스는 ㈜에스제이더블유인터내셔널의 단행본 브랜드로
지금, 우리들이 원하는 이야기를 전합니다.

시원북스는 독자 여러분의 투고를 기다립니다. 책에 관한 아이디어나 투고를 보내주세요.
cho201@siwonschool.com

* 파본은 교환해 드립니다.
* LOT SW Sep_200828 P01